눈으로 읽고 마음으로 옮겨쓰는

누가•요한

시작한 날 : 년 월 일

끝마친 날 : 년 월 일

❖ 왼쪽면을 따라쓰실 때 반을 접어서 쓰시면 훨씬 수월합니다.

눈으로 읽고 마음으로 옮겨쓰는

누가복음•요한복음

초 판 1쇄 : 2025년 07월 30일
발 행 인 : 황경자
발 행 처 : 도서출판 두돌비
등록번호 : 2006. 8. 17 제 2006-12호
주 소 : 서울시 중랑구 동일로 107길 12
전 화 : (02) 964-6993 | 팩스 : (02) 2208-0153
E-mail : 153books@hanmail.net

ISBN 978-89-85583-81-7

누가복음

저자는 바울의 동역자요, 의사라는 직업을 가진 누가라는 사람이며, 사도행전에서는 바울과 함께 마지막까지 전도 여행을 했던 사람이다.(눅 1:1~4; 행 16:11, 28:16; 딤후 4:11)

기록한 시기는 A.D 60~62년 경으로 사도행전 보다 먼저 기록되었으며 기록한 장소는 정확하지 않으며 확실한 것은 기록 장소가 팔레스틴 밖에서 기록되었다는 점이다.

기록한 목적은 가난한 자에게 복음을 전하기 위하여(눅 4:18) 한 인간으로 오신 그리스도를 통하여 근본적인 죄의 문제를 해결하며 예수 그리스도가 온 인류의 구주가 되신다는 점을 강조하고 있다. "인자의 온 것은 잃어버린 자를 찾아 구원하려 함이니라"(눅 19:10)

누가복음의 구조

1:1~4:13	서론 - 예고, 탄생, 준비
4:14~9:50	갈릴리 사역 - 1차, 2차, 3차
9:51~19:27	유대 및 베레아 사역
19:28~24:49	예루살렘 사역 - 예루살렘 입성, 논쟁, 종말
24:50~53	결론 - 수난, 부활

요한복음

저자는 열 두 사도 중의 한 사람이며 "예수께서 사랑하시는 그 제자(요 20:2)"로 요한이 기록한 복음서이다. 기록한 시기는 요한이 밧모섬에 유배당하기 이전인 A.D 85~90년 경에 기록이 되었으며 기록 장소는 에베소에서 기록한 것으로 보고 있으며, 기록 목적은 예수가 하나님의 아들이심을 믿어 영생을 얻게 하기 위함과 그 당시 만연해 있던 영지주의에 대한 그릇된 논리를 깨우치기 위해 기록되었다. 핵심으로는 '말씀'과 '생명'과 '믿음'이다.

예수님은 하나님과 창세 전부터 함께 계셨던 독생자로서 성육신하신 영원한 말씀이시다. 영원한 '생명'을 얻기 위해서는 예수님의 이름을 믿어야 한다. "오직 이것을 기록함은 너희로 예수께서 하나님의 아들 그리스도이심을 믿게 하려 함이요 또 너희로 믿고 그 이름을 힘입어 생명을 얻게 하려 함이니라"(요 20:31)

요한복음의 구조

1:1~18	서문
1:19~12:50	예수의 공생애 사역
13:1~20:31	예수의 고난과 부활
21:1~25	부활 후 갈릴리에 나타나신 예수

년 월 일

누가복음

데오빌로 각하에게

1

1 우리 중에 이루어진 사실에 대하여
2 처음부터 목격자와 말씀의 일꾼 된
자들이 전하여 준 그대로 내력을 저
술하려고 붓을 든 사람이 많은지라
3 그 모든 일을 근원부터 자세히 미루어
살핀 나도 데오빌로 각하에게 차례대
로 써 보내는 것이 좋은 줄 알았노니
4 이는 각하가 알고 있는 바를 더 확실
하게 하려 함이로라

세례 요한의 출생을 예고하다

5 ○ 유대 왕 헤롯 때에 아비야 반열에
제사장 한 사람이 있었으니 이름은
사가랴요 그의 아내는 아론의 자손이
니 이름은 엘리사벳이라
6 이 두 사람이 하나님 앞에 의인이니
주의 모든 계명과 규례대로 흠이 없
이 행하더라
7 엘리사벳이 잉태를 못하므로 그들에게
자식이 없고 두 사람의 나이가 많더라
8 ○ 마침 사가랴가 그 반열의 차례대로
하나님 앞에서 제사장의 직무를 행
할새
9 제사장의 전례를 따라 제비를 뽑아

1】

3】

4】

5】

6】

7】

8】

9】

년 월 일

주의 성전에 들어가 분향하고
10 모든 백성은 그 분향하는 시간에 밖
에서 기도하더니
11 주의 사자가 그에게 나타나 향단 우
편에 선지라
12 사가랴가 보고 놀라며 무서워하니
13 천사가 그에게 이르되 사가랴여 무서
워하지 말라 너의 간구함이 들린지라
네 아내 엘리사벳이 네게 아들을 낳
아 주리니 그 이름을 요한이라 하라
14 너도 기뻐하고 즐거워할 것이요 많은
사람도 그의 태어남을 기뻐하리니
15 이는 그가 주 앞에 큰 자가 되며 포도
주나 독한 술을 마시지 아니하며 모
태로부터 성령의 충만함을 받아
16 이스라엘 자손을 주 곧 그들의 하나
님께로 많이 돌아오게 하겠음이라
17 그가 또 엘리야의 심령과 능력으로
주 앞에 먼저 와서 아버지의 마음을
자식에게, 거스르는 자를 의인의 슬
기에 돌아오게 하고 주를 위하여 세
운 백성을 준비하리라
18 사가랴가 천사에게 이르되 내가 이것
을 어떻게 알리요 내가 늙고 아내도
나이가 많으니이다
19 천사가 대답하여 이르되 나는 하나님
앞에 서 있는 가브리엘이라 이 좋은

10】

11】

12】

13】

14】

15】

16】

17】

18】

19】

소식을 전하여 네게 말하라고 보내심
을 받았노라
20 보라 이 일이 되는 날까지 네가 말 못하
는 자가 되어 능히 말을 못하리니 이는
네가 내 말을 믿지 아니함이거니와 때가
이르면 내 말이 이루어지리라 하더라
21 백성들이 사가랴를 기다리며 그가 성
전 안에서 지체함을 이상히 여기더라
22 그가 나와서 그들에게 말을 못하니 백
성들이 그가 성전 안에서 환상을 본
줄 알았더라 그가 몸짓으로 뜻을 표
시하며 그냥 말 못하는 대로 있더니
23 그 직무의 날이 다 되매 집으로 돌아
가니라
24 ○ 이 후에 그의 아내 엘리사벳이 잉태
하고 다섯 달 동안 숨어 있으며 이르되
25 주께서 나를 돌보시는 날에 사람들
앞에서 내 부끄러움을 없게 하시려고
이렇게 행하심이라 하더라

예수의 나심을 예고하다

26 ○ 여섯째 달에 천사 가브리엘이 하
나님의 보내심을 받아 갈릴리 나사렛
이란 동네에 가서
27 다윗의 자손 요셉이라 하는 사람과 약
혼한 처녀에게 이르니 그 처녀의 이름
은 마리아라
28 그에게 들어가 이르되 은혜를 받은

20】

21】

22】

23】

24】

25】

26】

27】

28】

자여 평안할지어다 주께서 너와 함께
하시도다 하니
29 처녀가 그 말을 듣고 놀라 이런 인사
가 어찌함인가 생각하매
30 천사가 이르되 마리아여 무서워하지 말
라 네가 하나님께 은혜를 입었느니라
31 보라 네가 잉태하여 아들을 낳으리니
그 이름을 예수라 하라
32 그가 큰 자가 되고 지극히 높으신 이
의 아들이라 일컬어질 것이요 주 하
나님께서 그 조상 다윗의 왕위를 그
에게 주시리니
33 영원히 야곱의 집을 왕으로 다스리실
것이며 그 나라가 무궁하리라
34 마리아가 천사에게 말하되 나는 남자
를 알지 못하니 어찌 이 일이 있으리
이까
35 천사가 대답하여 이르되 성령이 네게
임하시고 지극히 높으신 이의 능력이
너를 덮으시리니 이러므로 나실 바
거룩한 이는 하나님의 아들이라 일컬
어지리라
36 보라 네 친족 엘리사벳도 늙어서 아들
을 배었느니라 본래 임신하지 못한다고
알려진 이가 이미 여섯 달이 되었나니
37 대저 하나님의 모든 말씀은 능하지
못하심이 없느니라

29】
30】
31】
32】
33】
34】
35】
36】
37】

38 마리아가 이르되 주의 여종이오니 말
씀대로 내게 이루어지이다 하매 천사
가 떠나가니라

마리아가 엘리사벳을 방문하다

39 ○ 이 때에 마리아가 일어나 빨리 산
골로 가서 유대 한 동네에 이르러
40 사가랴의 집에 들어가 엘리사벳에게
문안하니
41 엘리사벳이 마리아가 문안함을 들으
매 아이가 복중에서 뛰노는지라 엘리
사벳이 성령의 충만함을 받아
42 큰 소리로 불러 이르되 여자 중에 네
가 복이 있으며 네 태중의 아이도 복
이 있도다
43 내 주의 어머니가 내게 나아오니 이
어찌 된 일인가
44 보라 네 문안하는 소리가 내 귀에 들
릴 때에 아이가 내 복중에서 기쁨으
로 뛰놀았도다
45 주께서 하신 말씀이 반드시 이루어지
리라고 믿은 그 여자에게 복이 있도다

마리아의 찬가

46 마리아가 이르되 내 영혼이 주를 찬
양하며
47 내 마음이 하나님 내 구주를 기뻐하
였음은
48 그의 여종의 비천함을 돌보셨음이라

38】

39】

40】

41】

42】

43】

44】

45】

46】

47】

48】

보라 이제 후로는 만세에 나를 복이
있다 일컬으리로다
49 능하신 이가 큰 일을 내게 행하셨으
니 그 이름이 거룩하시며
50 긍휼하심이 두려워하는 자에게 대대
로 이르는도다
51 그의 팔로 힘을 보이사 마음의 생각
이 교만한 자들을 흩으셨고
52 권세 있는 자를 그 위에서 내리치셨
으며 비천한 자를 높이셨고
53 주리는 자를 좋은 것으로 배불리셨으
며 부자는 빈 손으로 보내셨도다
54 그 종 이스라엘을 도우사 긍휼히 여
기시고 기억하시되
55 우리 조상에게 말씀하신 것과 같이
아브라함과 그 자손에게 영원히 하시
리로다 하니라
56 마리아가 석 달쯤 함께 있다가 집으
로 돌아가니라

세례 요한의 출생

57 ○ 엘리사벳이 해산할 기한이 차서
아들을 낳으니
58 이웃과 친족이 주께서 그를 크게 긍휼
히 여기심을 듣고 함께 즐거워하더라
59 팔 일이 되매 아이를 할례하러 와서
그 아버지의 이름을 따라 사가랴라
하고자 하더니

49】

50】

51】

52】

53】

54】

55】

56】

57】

58】

59】

60 그 어머니가 대답하여 이르되 아니라
요한이라 할 것이라 하매
61 그들이 이르되 네 친족 중에 이 이름
으로 이름한 이가 없다 하고
62 그의 아버지께 몸짓하여 무엇으로 이
름을 지으려 하는가 물으니
63 그가 서판을 달라 하여 그 이름을 요
한이라 쓰매 다 놀랍게 여기더라
64 이에 그 입이 곧 열리고 혀가 풀리며
말을 하여 하나님을 찬송하니
65 그 근처에 사는 자가 다 두려워하고 이
모든 말이 온 유대 산골에 두루 퍼지매
66 듣는 사람이 다 이 말을 마음에 두며
이르되 이 아이가 장차 어찌 될까 하니
이는 주의 손이 그와 함께 하심이러라

사가랴의 예언

67 ○ 그 부친 사가랴가 성령의 충만함
을 받아 예언하여 이르되
68 찬송하리로다 주 이스라엘의 하나님
이여 그 백성을 돌보사 속량하시며
69 우리를 위하여 구원의 뿔을 그 종 다
윗의 집에 일으키셨으니
70 이것은 주께서 예로부터 거룩한 선지
자의 입으로 말씀하신 바와 같이
71 우리 원수에게서와 우리를 미워하는
모든 자의 손에서 구원하시는 일이라
72 우리 조상을 긍휼히 여기시며 그 거

60】

61】

62】

63】

64】

65】

66】

67】

68】

69】

70】

71】

72】

룩한 언약을 기억하셨으니
73 곧 우리 조상 아브라함에게 하신 맹
세라
74 우리가 원수의 손에서 건지심을 받고
75 종신토록 주의 앞에서 성결과 의로 두
려움이 없이 섬기게 하리라 하셨도다
76 이 아이여 네가 지극히 높으신 이의
선지자라 일컬음을 받고 주 앞에 앞
서 가서 그 길을 준비하여
77 주의 백성에게 그 죄 사함으로 말미
암는 구원을 알게 하리니
78 이는 우리 하나님의 긍휼로 인함이라
이로써 돋는 해가 위로부터 우리에게
임하여
79 어둠과 죽음의 그늘에 앉은 자에게
비치고 우리 발을 평강의 길로 인도
하시리로다 하니라
80 아이가 자라며 심령이 강하여지며 이
스라엘에게 나타나는 날까지 빈 들에
있으니라

73】
74】
75】
76】
77】
78】
79】
80】

예수의 나심(마 1:18-25)

2
1 그 때에 가이사 아구스도가 영을 내
려 천하로 다 호적하라 하였으니
2 이 호적은 구레뇨가 수리아 총독이 되
었을 때에 처음 한 것이라
3 모든 사람이 호적하러 각각 고향으로

1】
2】
3】

돌아가매
4 요셉도 다윗의 집 족속이므로 갈릴리
나사렛 동네에서 유대를 향하여 베들
레헴이라 하는 다윗의 동네로
5 그 약혼한 마리아와 함께 호적하러 올
라가니 마리아가 이미 잉태하였더라
6 거기 있을 그 때에 해산할 날이 차서
7 첫아들을 낳아 강보로 싸서 구유에
뉘었으니 이는 여관에 있을 곳이 없
음이러라

목자들이 예수 탄생 소식을 듣다

8 ○ 그 지역에 목자들이 밤에 밖에서
자기 양 떼를 지키더니
9 주의 사자가 곁에 서고 주의 영광이
그들을 두루 비추매 크게 무서워하는
지라
10 천사가 이르되 무서워하지 말라 보라
내가 온 백성에게 미칠 큰 기쁨의 좋
은 소식을 너희에게 전하노라
11 오늘 다윗의 동네에 너희를 위하여 구
주가 나셨으니 곧 그리스도 주시니라
12 너희가 가서 강보에 싸여 구유에 뉘
어 있는 아기를 보리니 이것이 너희
에게 표적이니라 하더니
13 홀연히 수많은 천군이 그 천사들과
함께 하나님을 찬송하여 이르되
14 지극히 높은 곳에서는 하나님께 영광

4】

5】

6】

7】

8】

9】

10】

11】

12】

13】

14】

이요 땅에서는 하나님이 기뻐하신 사
람들 중에 평화로다 하니라
15 ○ 천사들이 떠나 하늘로 올라가니
목자가 서로 말하되 이제 베들레헴으
로 가서 주께서 우리에게 알리신 바
이 이루어진 일을 보자 하고
16 빨리 가서 마리아와 요셉과 구유에
누인 아기를 찾아서
17 보고 천사가 자기들에게 이 아기에
대하여 말한 것을 전하니
18 듣는 자가 다 목자들이 그들에게 말
한 것들을 놀랍게 여기되
19 마리아는 이 모든 말을 마음에 새기
어 생각하니라
20 목자들은 자기들에게 이르던 바와 같
이 듣고 본 그 모든 것으로 인하여 하
나님께 영광을 돌리고 찬송하며 돌아
가니라
21 ○ 할례할 팔 일이 되매 그 이름을 예
수라 하니 곧 잉태하기 전에 천사가
일컬은 바러라

아기 예수의 정결예식

22 ○ 모세의 법대로 정결예식의 날이
차매 아기를 데리고 예루살렘에 올라
가니
23 이는 주의 율법에 쓴 바 첫 태에 처음
난 남자마다 주의 거룩한 자라 하리

15】
16】
17】
18】
19】
20】
21】
22】
23】

라 한 대로 아기를 주께 드리고
24 또 주의 율법에 말씀하신 대로 산비
둘기 한 쌍이나 혹은 어린 집비둘기
둘로 제사하려 함이더라
25 예루살렘에 시므온이라 하는 사람이
있으니 이 사람은 의롭고 경건하여
이스라엘의 위로를 기다리는 자라 성
령이 그 위에 계시더라
26 그가 주의 그리스도를 보기 전에는
죽지 아니하리라 하는 성령의 지시를
받았더니
27 성령의 감동으로 성전에 들어가매 마
침 부모가 율법의 관례대로 행하고자
하여 그 아기 예수를 데리고 오는지라
28 시므온이 아기를 안고 하나님을 찬송
하여 이르되
29 주재여 이제는 말씀하신 대로 종을
평안히 놓아 주시는도다
30 내 눈이 주의 구원을 보았사오니
31 이는 만민 앞에 예비하신 것이요
32 이방을 비추는 빛이요 주의 백성 이
스라엘의 영광이니이다 하니
33 그의 부모가 그에 대한 말들을 놀랍
게 여기더라
34 시므온이 그들에게 축복하고 그의 어
머니 마리아에게 말하여 이르되 보라
이는 이스라엘 중 많은 사람을 패하

24】

25】

26】

27】

28】

29】

30】

31】

32】

33】

34】

년 월 일

거나 흥하게 하며 비방을 받는 표적
이 되기 위하여 세움을 받았고
35 또 칼이 네 마음을 찌르듯 하리니 이
는 여러 사람의 마음의 생각을 드러
내려 함이니라 하더라
36 또 아셀 지파 바누엘의 딸 안나라 하
는 선지자가 있어 나이가 매우 많았
더라 그가 결혼한 후 일곱 해 동안 남
편과 함께 살다가
37 과부가 되고 팔십사 세가 되었더라 이
사람이 성전을 떠나지 아니하고 주야
로 금식하며 기도함으로 섬기더니
38 마침 이 때에 나아와서 하나님께 감
사하고 예루살렘의 속량을 바라는 모
든 사람에게 그에 대하여 말하니라
39 주의 율법을 따라 모든 일을 마치고
갈릴리로 돌아가 본 동네 나사렛에
이르니라
40 ○ 아기가 자라며 강하여지고 지혜가
충만하며 하나님의 은혜가 그의 위에
있더라

열두 살 시절의 예수

41 ○ 그의 부모가 해마다 유월절이 되
면 예루살렘으로 가더니
42 예수께서 열두 살 되었을 때에 그들이
이 절기의 관례를 따라 올라갔다가
43 그 날들을 마치고 돌아갈 때에 아이

35】
36】
37】
38】
39】
40】
41】
42】
43】

예수는 예루살렘에 머무셨더라 그 부
모는 이를 알지 못하고
44 동행 중에 있는 줄로 생각하고 하룻길
을 간 후 친족과 아는 자 중에서 찾되
45 만나지 못하매 찾으면서 예루살렘에
돌아갔더니
46 사흘 후에 성전에서 만난즉 그가 선
생들 중에 앉으사 그들에게 듣기도
하시며 묻기도 하시니
47 듣는 자가 다 그 지혜와 대답을 놀랍
게 여기더라
48 그의 부모가 보고 놀라며 그의 어머
니는 이르되 아이야 어찌하여 우리에
게 이렇게 하였느냐 보라 네 아버지
와 내가 근심하여 너를 찾았노라
49 예수께서 이르시되 어찌하여 나를 찾
으셨나이까 내가 내 아버지 집에 있
어야 될 줄을 알지 못하셨나이까 하
시니
50 그 부모가 그가 하신 말씀을 깨닫지
못하더라
51 예수께서 함께 내려가사 나사렛에 이
르러 순종하여 받드시더라 그 어머니
는 이 모든 말을 마음에 두니라
52 ○ 예수는 지혜와 키가 자라가며 하
나님과 사람에게 더욱 사랑스러워 가
시더라

44】

45】

46】

47】

48】

49】

50】

51】

52】

세례 요한의 전파(마 3:1-12; 막 1:1-8; 요 1:19-28)

3 1 디베료 황제가 통치한 지 열다섯
해 곧 본디오 빌라도가 유대의 총
독으로, 헤롯이 갈릴리의 분봉 왕으
로, 그 동생 빌립이 이두래와 드라고
닛 지방의 분봉 왕으로, 루사니아가
아빌레네의 분봉 왕으로,
2 안나스와 가야바가 대제사장으로 있
을 때에 하나님의 말씀이 빈 들에서
사가랴의 아들 요한에게 임한지라
3 요한이 요단 강 부근 각처에 와서 죄
사함을 받게 하는 회개의 세례를 전
파하니
4 선지자 이사야의 책에 쓴 바 광야에
서 외치는 자의 소리가 있어 이르되
너희는 주의 길을 준비하라 그의 오
실 길을 곧게 하라
5 모든 골짜기가 메워지고 모든 산과
작은 산이 낮아지고 굽은 것이 곧아
지고 험한 길이 평탄하여질 것이요
6 모든 육체가 하나님의 구원하심을 보
리라 함과 같으니라
7 ○ 요한이 세례 받으러 나아오는 무
리에게 이르되 독사의 자식들아 누가
너희에게 일러 장차 올 진노를 피하
라 하더냐
8 그러므로 회개에 합당한 열매를 맺고

1】

2】

3】

4】

5】

6】

7】

8】

속으로 아브라함이 우리 조상이라 말
하지 말라 내가 너희에게 이르노니
하나님이 능히 이 돌들로도 아브라함
의 자손이 되게 하시리라
9 이미 도끼가 나무 뿌리에 놓였으니
좋은 열매 맺지 아니하는 나무마다
찍혀 불에 던져지리라
10 무리가 물어 이르되 그러면 우리가
무엇을 하리이까
11 대답하여 이르되 옷 두 벌 있는 자는 옷
없는 자에게 나눠 줄 것이요 먹을 것이
있는 자도 그렇게 할 것이니라 하고
12 세리들도 세례를 받고자 하여 와서
이르되 선생이여 우리는 무엇을 하리
이까 하매
13 이르되 부과된 것 외에는 거두지 말
라 하고
14 군인들도 물어 이르되 우리는 무엇을
하리이까 하매 이르되 사람에게서 강
탈하지 말며 거짓으로 고발하지 말고
받는 급료를 족한 줄로 알라 하니라
15 ○ 백성들이 바라고 기다리므로 모든
사람들이 요한을 혹 그리스도신가 심
중에 생각하니
16 요한이 모든 사람에게 대답하여 이르
되 나는 물로 너희에게 세례를 베풀
거니와 나보다 능력이 많으신 이가

9】

10】

11】

12】

13】

14】

15】

16】

오시나니 나는 그의 신발끈을 풀기도
감당하지 못하겠노라 그는 성령과 불
로 너희에게 세례를 베푸실 것이요
17 손에 키를 들고 자기의 타작 마당을
정하게 하사 알곡은 모아 곳간에 들
이고 쭉정이는 꺼지지 않는 불에 태
우시리라
18 ○ 또 그밖에 여러 가지로 권하여 백
성에게 좋은 소식을 전하였으나
19 분봉 왕 헤롯은 그의 동생의 아내 헤로
디아의 일과 또 자기가 행한 모든 악한
일로 말미암아 요한에게 책망을 받고
20 그 위에 한 가지 악을 더하여 요한을
옥에 가두니라

세례를 받으시다 (마 3:13-17; 막 1:9-11)

21 ○ 백성이 다 세례를 받을새 예수도
세례를 받으시고 기도하실 때에 하늘
이 열리며
22 성령이 비둘기 같은 형체로 그의 위
에 강림하시더니 하늘로부터 소리가
나기를 너는 내 사랑하는 아들이라
내가 너를 기뻐하노라 하시니라

예수의 족보(마 1:1-17)

23 ○ 예수께서 가르치심을 시작하실 때
에 삼십 세쯤 되시니라 사람들이 아
는 대로는 요셉의 아들이니 요셉의
위는 헬리요

17】

18】

19】

20】

21】

22】

23】

년 월 일

24 그 위는 맛닷이요 그 위는 레위요 그 위는 멜기요 그 위는 얀나요 그 위는 요셉이요

25 그 위는 맛다디아요 그 위는 아모스요 그 위는 나훔이요 그 위는 에슬리요 그 위는 낙개요

26 그 위는 마앗이요 그 위는 맛다디아요 그 위는 서머인이요 그 위는 요섹이요 그 위는 요다요

27 그 위는 요아난이요 그 위는 레사요 그 위는 스룹바벨이요 그 위는 스알디엘이요 그 위는 네리요

28 그 위는 멜기요 그 위는 앗디요 그 위는 고삼이요 그 위는 엘마담이요 그 위는 에르요

29 그 위는 예수요 그 위는 엘리에서요 그 위는 요림이요 그 위는 맛닷이요 그 위는 레위요

30 그 위는 시므온이요 그 위는 유다요 그 위는 요셉이요 그 위는 요남이요 그 위는 엘리아김이요

31 그 위는 멜레아요 그 위는 멘나요 그 위는 맛다다요 그 위는 나단이요 그 위는 다윗이요

32 그 위는 이새요 그 위는 오벳이요 그 위는 보아스요 그 위는 살몬이요 그 위는 나손이요

24】

25】

26】

27】

28】

29】

30】

31】

32】

33 그 위는 아미나답이요 그 위는 아니
요 그 위는 헤스론이요 그 위는 베레
스요 그 위는 유다요
34 그 위는 야곱이요 그 위는 이삭이요
그 위는 아브라함이요 그 위는 데라
요 그 위는 나홀이요
35 그 위는 스룩이요 그 위는 르우요 그
위는 벨렉이요 그 위는 헤버요 그 위
는 살라요
36 그 위는 가이난이요 그 위는 아박삿
이요 그 위는 셈이요 그 위는 노아요
그 위는 레멕이요
37 그 위는 므두셀라요 그 위는 에녹이
요 그 위는 야렛이요 그 위는 마할랄
렐이요 그 위는 가이난이요
38 그 위는 에노스요 그 위는 셋이요 그
위는 아담이요 그 위는 하나님이시
니라

33】
34】
35】
36】
37】
38】

시험을 받으시다 (마 4:1-11; 막 1:12-13)

4
1 예수께서 성령의 충만함을 입어 요
단 강에서 돌아오사 광야에서 사십
일 동안 성령에게 이끌리시며
2 마귀에게 시험을 받으시더라 이 모든
날에 아무 것도 잡수시지 아니하시니
날 수가 다하매 주리신지라
3 마귀가 이르되 네가 만일 하나님의

1】
2】
3】

아들이어든 이 돌들에게 명하여 떡이
되게 하라
4 예수께서 대답하시되 기록된 바 사람이
떡으로만 살 것이 아니라 하였느니라
5 마귀가 또 예수를 이끌고 올라가서
순식간에 천하 만국을 보이며
6 이르되 이 모든 권위와 그 영광을 내
가 네게 주리라 이것은 내게 넘겨 준
것이므로 내가 원하는 자에게 주노라
7 그러므로 네가 만일 내게 절하면 다
네 것이 되리라
8 예수께서 대답하여 이르시되 기록된
바 주 너의 하나님께 경배하고 다만
그를 섬기라 하였느니라
9 또 이끌고 예루살렘으로 가서 성전 꼭
대기에 세우고 이르되 네가 만일 하나
님의 아들이어든 여기서 뛰어내리라
10 기록되었으되 하나님이 너를 위하여
그 사자들을 명하사 너를 지키게 하
시리라 하였고
11 또한 그들이 손으로 너를 받들어 네
발이 돌에 부딪치지 않게 하시리라
하였느니라
12 예수께서 대답하여 이르시되 주 너의
하나님을 시험하지 말라 하였느니라
13 마귀가 모든 시험을 다 한 후에 얼마
동안 떠나니라

4】
5】
6】
7】
8】
9】
10】
11】
12】
13】

년 월 일

갈릴리 여러 회당에서 가르치시다
(마 4:12-17; 막 1:14-15)

14 ○ 예수께서 성령의 능력으로 갈릴리에
돌아가시니 그 소문이 사방에 퍼졌고
15 친히 그 여러 회당에서 가르치시매
뭇 사람에게 칭송을 받으시더라

나사렛에서 배척을 받으시다
(마 13:53-58; 막 6:1-6)

16 ○ 예수께서 그 자라나신 곳 나사렛에
이르사 안식일에 늘 하시던 대로 회당
에 들어가사 성경을 읽으려고 서시매
17 선지자 이사야의 글을 드리거늘 책
을 펴서 이렇게 기록된 데를 찾으시
니 곧
18 주의 성령이 내게 임하셨으니 이는
가난한 자에게 복음을 전하게 하시려
고 내게 기름을 부으시고 나를 보내
사 포로 된 자에게 자유를, 눈 먼 자에
게 다시 보게 함을 전파하며 눌린 자
를 자유롭게 하고
19 주의 은혜의 해를 전파하게 하려 하
심이라 하였더라
20 책을 덮어 그 맡은 자에게 주시고 앉
으시니 회당에 있는 자들이 다 주목
하여 보더라
21 이에 예수께서 그들에게 말씀하시되
이 글이 오늘 너희 귀에 응하였느니
라 하시니
22 그들이 다 그를 증언하고 그 입으로 나

14】

15】

16】

17】

18】

19】

20】

21】

22】

오는 바 은혜로운 말을 놀랍게 여겨 이
르되 이 사람이 요셉의 아들이 아니냐
23 예수께서 그들에게 이르시되 너희가
반드시 의사야 너 자신을 고치라 하는
속담을 인용하여 내게 말하기를 우리
가 들은 바 가버나움에서 행한 일을
네 고향 여기서도 행하라 하리라
24 또 이르시되 내가 진실로 너희에게
이르노니 선지자가 고향에서는 환영
을 받는 자가 없느니라
25 내가 참으로 너희에게 이르노니 엘리
야 시대에 하늘이 삼 년 육 개월간 닫
히어 온 땅에 큰 흉년이 들었을 때에
이스라엘에 많은 과부가 있었으되
26 엘리야가 그 중 한 사람에게도 보내
심을 받지 않고 오직 시돈 땅에 있는
사렙다의 한 과부에게 뿐이었으며
27 또 선지자 엘리사 때에 이스라엘에
많은 나병환자가 있었으되 그 중의
한 사람도 깨끗함을 얻지 못하고 오
직 수리아 사람 나아만뿐이었느니라
28 회당에 있는 자들이 이것을 듣고 다
크게 화가 나서
29 일어나 동네 밖으로 쫓아내어 그 동
네가 건설된 산 낭떠러지까지 끌고
가서 밀쳐 떨어뜨리고자 하되
30 예수께서 그들 가운데로 지나서 가시

23】

24】

25】

26】

27】

28】

29】

30】

니라

더러운 귀신 들린 사람을 고치시다 (막 1:21-28)

31 ○ 갈릴리의 가버나움 동네에 내려오
사 안식일에 가르치시매
32 그들이 그 가르치심에 놀라니 이는
그 말씀이 권위가 있음이러라
33 회당에 더러운 귀신 들린 사람이 있
어 크게 소리 질러 이르되
34 아 나사렛 예수여 우리가 당신과 무
슨 상관이 있나이까 우리를 멸하러
왔나이까 나는 당신이 누구인 줄 아
노니 하나님의 거룩한 자니이다
35 예수께서 꾸짖어 이르시되 잠잠하고
그 사람에게서 나오라 하시니 귀신이
그 사람을 무리 중에 넘어뜨리고 나
오되 그 사람은 상하지 아니한지라
36 다 놀라 서로 말하여 이르되 이 어떠
한 말씀인고 권위와 능력으로 더러운
귀신을 명하매 나가는도다 하더라
37 이에 예수의 소문이 그 근처 사방에
퍼지니라

온갖 병자들을 고치시다 (마 8:14-17; 막 1:29-34)

38 ○ 예수께서 일어나 회당에서 나가사
시몬의 집에 들어가시니 시몬의 장모
가 중한 열병을 앓고 있는지라 사람
들이 그를 위하여 예수께 구하니
39 예수께서 가까이 서서 열병을 꾸짖으

31】
32】
33】
34】
35】
36】
37】
38】
39】

신대 병이 떠나고 여자가 곧 일어나
그들에게 수종드니라
40 ○ 해 질 무렵에 사람들이 온갖 병자 40】
들을 데리고 나아오매 예수께서 일일
이 그 위에 손을 얹으사 고치시니
41 여러 사람에게서 귀신들이 나가며 소 41】
리 질러 이르되 당신은 하나님의 아
들이니이다 예수께서 꾸짖으사 그들
이 말함을 허락하지 아니하시니 이는
자기를 그리스도인 줄 앎이러라

복음을 전하러 떠나시다(막 1:35-39)

42 ○ 날이 밝으매 예수께서 나오사 한 42】
적한 곳에 가시니 무리가 찾다가 만
나서 자기들에게서 떠나시지 못하게
만류하려 하매
43 예수께서 이르시되 내가 다른 동네들 43】
에서도 하나님의 나라 복음을 전하여
야 하리니 나는 이 일을 위해 보내심
을 받았노라 하시고
44 갈릴리 여러 회당에서 전도하시더라 44】

어부들이 예수를 따르다
(마 4:18-22; 막 1:16-20)

5 1 무리가 몰려와서 하나님의 말씀을 1】
들을새 예수는 게네사렛 호숫가에
서서
2 호숫가에 배 두 척이 있는 것을 보시 2】
니 어부들은 배에서 나와서 그물을

씻는지라
3 예수께서 한 배에 오르시니 그 배는
시몬의 배라 육지에서 조금 떼기를
청하시고 앉으사 배에서 무리를 가르
치시더니
4 말씀을 마치시고 시몬에게 이르시되
깊은 데로 가서 그물을 내려 고기를
잡으라
5 시몬이 대답하여 이르되 선생님 우리
들이 밤이 새도록 수고하였으되 잡은
것이 없지마는 말씀에 의지하여 내가
그물을 내리리이다 하고
6 그렇게 하니 고기를 잡은 것이 심히
많아 그물이 찢어지는지라
7 이에 다른 배에 있는 동무들에게 손짓
하여 와서 도와 달라 하니 그들이 와
서 두 배에 채우매 잠기게 되었더라
8 시몬 베드로가 이를 보고 예수의 무
릎 아래에 엎드려 이르되 주여 나를
떠나소서 나는 죄인이로소이다 하니
9 이는 자기 및 자기와 함께 있는 모든
사람이 고기 잡힌 것으로 말미암아
놀라고
10 세베대의 아들로서 시몬의 동업자인
야고보와 요한도 놀랐음이라 예수께
서 시몬에게 이르시되 무서워하지 말
라 이제 후로는 네가 사람을 취하리

3】

4】

5】

6】

7】

8】

9】

10】

라 하시니
11 그들이 배들을 육지에 대고 모든 것
을 버려 두고 예수를 따르니라

나병 들린 사람을 깨끗하게 하시다 (마 8:1-4; 막 1:40-45)

12 ○ 예수께서 한 동네에 계실 때에 온 몸
에 나병 들린 사람이 있어 예수를 보고
엎드려 구하여 이르되 주여 원하시면
나를 깨끗하게 하실 수 있나이다 하니
13 예수께서 손을 내밀어 그에게 대시며
이르시되 내가 원하노니 깨끗함을 받
으라 하신대 나병이 곧 떠나니라
14 예수께서 그를 경고하시되 아무에게
도 이르지 말고 가서 제사장에게 네
몸을 보이고 또 네가 깨끗하게 됨으
로 인하여 모세가 명한 대로 예물을
드려 그들에게 입증하라 하셨더니
15 예수의 소문이 더욱 퍼지매 수많은
무리가 말씀도 듣고 자기 병도 고침
을 받고자 하여 모여 오되
16 예수는 물러가사 한적한 곳에서 기도
하시니라

중풍병자를 고치시다(마 9:1-8; 막 2:1-12)

17 ○ 하루는 가르치실 때에 갈릴리의 각
마을과 유대와 예루살렘에서 온 바리새
인과 율법교사들이 앉았는데 병을 고치
는 주의 능력이 예수와 함께 하더라
18 한 중풍병자를 사람들이 침상에 메

11】
12】
13】
14】
15】
16】
17】
18】

고 와서 예수 앞에 들여놓고자 하였
으나
19 무리 때문에 메고 들어갈 길을 얻지
못한지라 지붕에 올라가 기와를 벗기
고 병자를 침상째 무리 가운데로 예
수 앞에 달아 내리니
20 예수께서 그들의 믿음을 보시고 이르
시되 이 사람아 네 죄 사함을 받았느
니라 하시니
21 서기관과 바리새인들이 생각하여 이
르되 이 신성 모독 하는 자가 누구냐
오직 하나님 외에 누가 능히 죄를 사
하겠느냐
22 예수께서 그 생각을 아시고 대답하
여 이르시되 너희 마음에 무슨 생각
을 하느냐
23 네 죄 사함을 받았느니라 하는 말과
일어나 걸어가라 하는 말이 어느 것
이 쉽겠느냐
24 그러나 인자가 땅에서 죄를 사하는
권세가 있는 줄을 너희로 알게 하리
라 하시고 중풍병자에게 말씀하시되
내가 네게 이르노니 일어나 네 침상
을 가지고 집으로 가라 하시매
25 그 사람이 그들 앞에서 곧 일어나 그
누웠던 것을 가지고 하나님께 영광을
돌리며 자기 집으로 돌아가니

19】

20】

21】

22】

23】

24】

25】

26 모든 사람이 놀라 하나님께 영광을
돌리며 심히 두려워하여 이르되 오늘
우리가 놀라운 일을 보았다 하니라

레위가 예수를 따르다(마 9:9-17; 막 2:13-22)

27 ○ 그 후에 예수께서 나가사 레위라
하는 세리가 세관에 앉아 있는 것을
보시고 나를 따르라 하시니
28 그가 모든 것을 버리고 일어나 따르
니라
29 레위가 예수를 위하여 자기 집에서
큰 잔치를 하니 세리와 다른 사람이
많이 함께 앉아 있는지라
30 바리새인과 그들의 서기관들이 그 제자
들을 비방하여 이르되 너희가 어찌하여
세리와 죄인과 함께 먹고 마시느냐
31 예수께서 대답하여 이르시되 건강한
자에게는 의사가 쓸 데 없고 병든 자
에게라야 쓸 데 있나니
32 내가 의인을 부르러 온 것이 아니요
죄인을 불러 회개시키러 왔노라
33 그들이 예수께 말하되 요한의 제자는
자주 금식하며 기도하고 바리새인의
제자들도 또한 그리하되 당신의 제자
들은 먹고 마시나이다
34 예수께서 그들에게 이르시되 혼인 집
손님들이 신랑과 함께 있을 때에 너희
가 그 손님으로 금식하게 할 수 있느냐

26】

27】

28】

29】

30】

31】

32】

33】

34】

년 월 일

35 그러나 그 날에 이르러 그들이 신랑을
빼앗기리니 그 날에는 금식할 것이니라
36 또 비유하여 이르시되 새 옷에서 한
조각을 찢어 낡은 옷에 붙이는 자가
없나니 만일 그렇게 하면 새 옷을 찢
을 뿐이요 또 새 옷에서 찢은 조각이
낡은 것에 어울리지 아니하리라
37 새 포도주를 낡은 가죽 부대에 넣는
자가 없나니 만일 그렇게 하면 새 포
도주가 부대를 터뜨려 포도주가 쏟아
지고 부대도 못쓰게 되리라
38 새 포도주는 새 부대에 넣어야 할 것
이니라
39 묵은 포도주를 마시고 새 것을 원하
는 자가 없나니 이는 묵은 것이 좋다
함이니라

35】

36】

37】

38】

39】

안식일에 밀 이삭을 자르다
(마 12:1-8; 막 2:23-28)

6
1 안식일에 예수께서 밀밭 사이로 지
나가실새 제자들이 이삭을 잘라 손
으로 비비어 먹으니
2 어떤 바리새인들이 말하되 어찌하여
안식일에 하지 못할 일을 하느냐
3 예수께서 대답하여 이르시되 다윗이
자기 및 자기와 함께 한 자들이 시장
할 때에 한 일을 읽지 못하였느냐
4 그가 하나님의 전에 들어가서 다만

1】

2】

3】

4】

제사장 외에는 먹어서는 안 되는 진
설병을 먹고 함께 한 자들에게도 주
지 아니하였느냐
5 또 이르시되 인자는 안식일의 주인이
니라 하시더라

안식일에 손 마른 사람을 고치시다
(마 12:9-14; 막 3:1-6)

6 ○ 또 다른 안식일에 예수께서 회당
에 들어가사 가르치실새 거기 오른손
마른 사람이 있는지라
7 서기관과 바리새인들이 예수를 고발
할 증거를 찾으려 하여 안식일에 병
을 고치시는가 엿보니
8 예수께서 그들의 생각을 아시고 손 마
른 사람에게 이르시되 일어나 한가운
데 서라 하시니 그가 일어나 서거늘
9 예수께서 그들에게 이르시되 내가 너
희에게 묻노니 안식일에 선을 행하는
것과 악을 행하는 것, 생명을 구하는
것과 죽이는 것, 어느 것이 옳으냐 하
시며
10 무리를 둘러보시고 그 사람에게 이르
시되 네 손을 내밀라 하시니 그가 그
리하매 그 손이 회복된지라
11 그들은 노기가 가득하여 예수를 어떻
게 할까 하고 서로 의논하니라

열두 제자를 사도로 택하시다
(마 10:1-4; 4:23-25; 막 3:13-19)

12 ○ 이 때에 예수께서 기도하시러 산

5】

6】

7】

8】

9】

10】

11】

12】

으로 가사 밤이 새도록 하나님께 기
도하시고
13 밝으매 그 제자들을 부르사 그 중에서
열둘을 택하여 사도라 칭하셨으니
14 곧 베드로라고도 이름을 주신 시몬과
그의 동생 안드레와 야고보와 요한과
빌립과 바돌로매와
15 마태와 도마와 알패오의 아들 야고보
와 셀롯이라는 시몬과
16 야고보의 아들 유다와 예수를 파는
자 될 가룟 유다라
17 예수께서 그들과 함께 내려오사 평지
에 서시니 그 제자의 많은 무리와 예수
의 말씀도 듣고 병 고침을 받으려고 유
대 사방과 예루살렘과 두로와 시돈의
해안으로부터 온 많은 백성도 있더라
18 더러운 귀신에게 고난 받는 자들도
고침을 받은지라
19 온 무리가 예수를 만지려고 힘쓰니
이는 능력이 예수께로부터 나와서 모
든 사람을 낫게 함이러라

복과 화를 선포하시다(마 5:1-12)

20 ○ 예수께서 눈을 들어 제자들을 보시
고 이르시되 너희 가난한 자는 복이 있
나니 하나님의 나라가 너희 것임이요
21 지금 주린 자는 복이 있나니 너희가 배
부름을 얻을 것임이요 지금 우는 자는

13】

14】

15】

16】

17】

18】

19】

20】

21】

년 월 일

복이 있나니 너희가 웃을 것임이요
22 인자로 말미암아 사람들이 너희를 미
워하며 멀리하고 욕하고 너희 이름을
악하다 하여 버릴 때에는 너희에게
복이 있도다
23 그 날에 기뻐하고 뛰놀라 하늘에서
너희 상이 큼이라 그들의 조상들이
선지자들에게 이와 같이 하였느니라
24 그러나 화 있을진저 너희 부요한 자여
너희는 너희의 위로를 이미 받았도다
25 화 있을진저 너희 지금 배부른 자여 너
희는 주리리로다 화 있을진저 너희 지금
웃는 자여 너희가 애통하며 울리로다
26 모든 사람이 너희를 칭찬하면 화가
있도다 그들의 조상들이 거짓 선지자
들에게 이와 같이 하였느니라

원수를 사랑하라
(마 5:38-48; 7:1-5,12 상, 17-20; 12:34 하-35)

27 ○ 그러나 너희 듣는 자에게 내가 이
르노니 너희 원수를 사랑하며 너희를
미워하는 자를 선대하며
28 너희를 저주하는 자를 위하여 축복하
며 너희를 모욕하는 자를 위하여 기
도하라
29 너의 이 뺨을 치는 자에게 저 뺨도 돌
려대며 네 겉옷을 빼앗는 자에게 속
옷도 거절하지 말라
30 네게 구하는 자에게 주며 네 것을 가

22】

23】

24】

25】

26】

27】

28】

29】

30】

져가는 자에게 다시 달라 하지 말며
31 남에게 대접을 받고자 하는 대로 너
희도 남을 대접하라
32 너희가 만일 너희를 사랑하는 자만을
사랑하면 칭찬 받을 것이 무엇이냐 죄
인들도 사랑하는 자는 사랑하느니라
33 너희가 만일 선대하는 자만을 선대하
면 칭찬 받을 것이 무엇이냐 죄인들
도 이렇게 하느니라
34 너희가 받기를 바라고 사람들에게 꾸
어 주면 칭찬 받을 것이 무엇이냐 죄
인들도 그만큼 받고자 하여 죄인에게
꾸어 주느니라
35 오직 너희는 원수를 사랑하고 선대하
며 아무 것도 바라지 말고 꾸어 주라
그리하면 너희 상이 클 것이요 또 지
극히 높으신 이의 아들이 되리니 그
는 은혜를 모르는 자와 악한 자에게
도 인자하시니라
36 너희 아버지의 자비로우심 같이 너희
도 자비로운 자가 되라
37 비판하지 말라 그리하면 너희가 비
판을 받지 않을 것이요 정죄하지 말
라 그리하면 너희가 정죄를 받지 않
을 것이요 용서하라 그리하면 너희가
용서를 받을 것이요
38 주라 그리하면 너희에게 줄 것이니

31】

32】

33】

34】

35】

36】

37】

38】

곧 후히 되어 누르고 흔들어 넘치도
록 하여 너희에게 안겨 주리라 너희
가 헤아리는 그 헤아림으로 너희도
헤아림을 도로 받을 것이니라

네 눈 속에 있는 들보

39 ○ 또 비유로 말씀하시되 맹인이 맹
인을 인도할 수 있느냐 둘이 다 구덩
이에 빠지지 아니하겠느냐
40 제자가 그 선생보다 높지 못하나 무
릇 온전하게 된 자는 그 선생과 같으
리라
41 어찌하여 형제의 눈 속에 있는 티는
보고 네 눈 속에 있는 들보는 깨닫지
못하느냐
42 너는 네 눈 속에 있는 들보를 보지 못
하면서 어찌하여 형제에게 말하기를
형제여 나로 네 눈 속에 있는 티를 빼
게 하라 할 수 있느냐 외식하는 자여
먼저 네 눈 속에서 들보를 빼라 그 후
에야 네가 밝히 보고 형제의 눈 속에
있는 티를 빼리라
43 못된 열매 맺는 좋은 나무가 없고
또 좋은 열매 맺는 못된 나무가 없
느니라
44 나무는 각각 그 열매로 아나니 가시
나무에서 무화과를, 또는 찔레에서 포
도를 따지 못하느니라

39】

40】

41】

42】

43】

44】

45 선한 사람은 마음에 쌓은 선에서 선
을 내고 악한 자는 그 쌓은 악에서 악
을 내나니 이는 마음에 가득한 것을
입으로 말함이니라

듣고 행하는 자와 행하지 아니하는 자(마 7:24-27)

46 ○ 너희는 나를 불러 주여 주여 하면
서도 어찌하여 내가 말하는 것을 행
하지 아니하느냐
47 내게 나아와 내 말을 듣고 행하는 자
마다 누구와 같은 것을 너희에게 보
이리라
48 집을 짓되 깊이 파고 주추를 반석 위
에 놓은 사람과 같으니 큰 물이 나서
탁류가 그 집에 부딪치되 잘 지었기
때문에 능히 요동하지 못하게 하였거
니와
49 듣고 행하지 아니하는 자는 주추 없
이 흙 위에 집 지은 사람과 같으니 탁
류가 부딪치매 집이 곧 무너져 파괴
됨이 심하니라 하시니라

45】

46】

47】

48】

49】

백부장의 종을 고치시다(마 8:5-13; 요 4:43-54)

7 1 예수께서 모든 말씀을 백성에게 들
려 주시기를 마치신 후에 가버나움
으로 들어가시니라
2 ○ 어떤 백부장의 사랑하는 종이 병
들어 죽게 되었더니

1】

2】

3 예수의 소문을 듣고 유대인의 장로
몇 사람을 예수께 보내어 오셔서 그
종을 구해 주시기를 청한지라
4 이에 그들이 예수께 나아와 간절히
구하여 이르되 이 일을 하시는 것이
이 사람에게는 합당하니이다
5 그가 우리 민족을 사랑하고 또한 우리
를 위하여 회당을 지었나이다 하니
6 예수께서 함께 가실새 이에 그 집이 멀
지 아니하여 백부장이 벗들을 보내어
이르되 주여 수고하시지 마옵소서 내
집에 들어오심을 나는 감당하지 못하
겠나이다
7 그러므로 내가 주께 나아가기도 감당
하지 못할 줄을 알았나이다 말씀만 하
사 내 하인을 낫게 하소서
8 나도 남의 수하에 든 사람이요 내 아
래에도 병사가 있으니 이더러 가라
하면 가고 저더러 오라 하면 오고 내
종더러 이것을 하라 하면 하나이다
9 예수께서 들으시고 그를 놀랍게 여겨
돌이키사 따르는 무리에게 이르시되
내가 너희에게 이르노니 이스라엘 중
에서도 이만한 믿음은 만나보지 못하
였노라 하시더라
10 보내었던 사람들이 집으로 돌아가 보
매 종이 이미 나아 있었더라

3】

4】

5】

6】

7】

8】

9】

10】

과부의 아들을 살리시다

11 ○ 그 후에 예수께서 나인이란 성으
로 가실새 제자와 많은 무리가 동행
하더니
12 성문에 가까이 이르실 때에 사람들이
한 죽은 자를 메고 나오니 이는 한 어머
니의 독자요 그의 어머니는 과부라 그
성의 많은 사람도 그와 함께 나오거늘
13 주께서 과부를 보시고 불쌍히 여기사
울지 말라 하시고
14 가까이 가서 그 관에 손을 대시니 멘
자들이 서는지라 예수께서 이르시되
청년아 내가 네게 말하노니 일어나라
하시매
15 죽었던 자가 일어나 앉고 말도 하거늘
예수께서 그를 어머니에게 주시니
16 모든 사람이 두려워하며 하나님께 영
광을 돌려 이르되 큰 선지자가 우리
가운데 일어나셨다 하고 또 하나님께
서 자기 백성을 돌보셨다 하더라
17 예수께 대한 이 소문이 온 유대와 사
방에 두루 퍼지니라

세례 요한의 제자들에게 대답하시다(마 11:2-19)

18 ○ 요한의 제자들이 이 모든 일을 그
에게 알리니
19 요한이 그 제자 중 둘을 불러 주께 보
내어 이르되 오실 그이가 당신이오니

11】

12】

13】

14】

15】

16】

17】

18】

19】

이까 우리가 다른 이를 기다리오리이
까 하라 하매
20 그들이 예수께 나아가 이르되 세례
요한이 우리를 보내어 당신께 여쭈어
보라고 하기를 오실 그이가 당신이오
니이까 우리가 다른 이를 기다리오리
이까 하더이다 하니
21 마침 그 때에 예수께서 질병과 고통
과 및 악귀 들린 자를 많이 고치시며
또 많은 맹인을 보게 하신지라
22 예수께서 대답하여 이르시되 너희가
가서 보고 들은 것을 요한에게 알리되
맹인이 보며 못 걷는 사람이 걸으며
나병환자가 깨끗함을 받으며 귀먹은
사람이 들으며 죽은 자가 살아나며 가
난한 자에게 복음이 전파된다 하라
23 누구든지 나로 말미암아 실족하지 아
니하는 자는 복이 있도다 하시니라
24 ○ 요한이 보낸 자가 떠난 후에 예수
께서 무리에게 요한에 대하여 말씀하
시되 너희가 무엇을 보려고 광야에
나갔더냐 바람에 흔들리는 갈대냐
25 그러면 너희가 무엇을 보려고 나갔더
냐 부드러운 옷 입은 사람이냐 보라
화려한 옷을 입고 사치하게 지내는
자는 왕궁에 있느니라
26 그러면 너희가 무엇을 보려고 나갔더

20】

21】

22】

23】

24】

25】

26】

년 월 일

냐 선지자냐 옳다 내가 너희에게 이
르노니 선지자보다도 훌륭한 자니라
27 기록된 바 보라 내가 내 사자를 네 앞
에 보내노니 그가 네 앞에서 네 길을
준비하리라 한 것이 이 사람에 대한
말씀이라
28 내가 너희에게 말하노니 여자가 낳은
자 중에 요한보다 큰 자가 없도다 그
러나 하나님의 나라에서는 극히 작은
자라도 그보다 크니라 하시니
29 모든 백성과 세리들은 이미 요한의
세례를 받은지라 이 말씀을 듣고 하
나님을 의롭다 하되
30 바리새인과 율법교사들은 그의 세례
를 받지 아니함으로 그들 자신을 위
한 하나님의 뜻을 저버리니라
31 또 이르시되 이 세대의 사람을 무엇
으로 비유할까 무엇과 같은가
32 비유하건대 아이들이 장터에 앉아 서
로 불러 이르되 우리가 너희를 향하
여 피리를 불어도 너희가 춤추지 않
고 우리가 곡하여도 너희가 울지 아
니하였다 함과 같도다
33 세례 요한이 와서 떡도 먹지 아니하
며 포도주도 마시지 아니하매 너희
말이 귀신이 들렸다 하더니
34 인자는 와서 먹고 마시매 너희 말이 보

27】

28】

29】

30】

31】

32】

33】

34】

라 먹기를 탐하고 포도주를 즐기는 사
람이요 세리와 죄인의 친구로다 하니
35 지혜는 자기의 모든 자녀로 인하여
옳다 함을 얻느니라

한 여자가 예수께 향유를 붓다

36 ○ 한 바리새인이 예수께 자기와 함
께 잡수시기를 청하니 이에 바리새인
의 집에 들어가 앉으셨을 때에
37 그 동네에 죄를 지은 한 여자가 있
어 예수께서 바리새인의 집에 앉아
계심을 알고 향유 담은 옥합을 가지
고 와서
38 예수의 뒤로 그 발 곁에 서서 울며 눈
물로 그 발을 적시고 자기 머리털로 닦
고 그 발에 입맞추고 향유를 부으니
39 예수를 청한 바리새인이 그것을 보고
마음에 이르되 이 사람이 만일 선지
자라면 자기를 만지는 이 여자가 누
구며 어떠한 자 곧 죄인인 줄을 알았
으리라 하거늘
40 예수께서 대답하여 이르시되 시몬아
내가 네게 이를 말이 있다 하시니 그
가 이르되 선생님 말씀하소서
41 이르시되 빚 주는 사람에게 빚진 자가
둘이 있어 하나는 오백 데나리온을 졌
고 하나는 오십 데나리온을 졌는데
42 갚을 것이 없으므로 둘 다 탕감하여

35】

36】

37】

38】

39】

40】

41】

42】

주었으니 둘 중에 누가 그를 더 사랑
하겠느냐
43 시몬이 대답하여 이르되 내 생각에는
많이 탕감함을 받은 자니이다 이르시
되 네 판단이 옳다 하시고
44 그 여자를 돌아보시며 시몬에게 이르
시되 이 여자를 보느냐 내가 네 집에
들어올 때 너는 내게 발 씻을 물도 주
지 아니하였으되 이 여자는 눈물로 내
발을 적시고 그 머리털로 닦았으며
45 너는 내게 입맞추지 아니하였으되 그
는 내가 들어올 때로부터 내 발에 입
맞추기를 그치지 아니하였으며
46 너는 내 머리에 감람유도 붓지 아니
하였으되 그는 향유를 내 발에 부었
느니라
47 이러므로 내가 네게 말하노니 그의
많은 죄가 사하여졌도다 이는 그의
사랑함이 많음이라 사함을 받은 일이
적은 자는 적게 사랑하느니라
48 이에 여자에게 이르시되 네 죄 사함
을 받았느니라 하시니
49 함께 앉아 있는 자들이 속으로 말하되
이가 누구이기에 죄도 사하는가 하더라
50 예수께서 여자에게 이르시되 네 믿
음이 너를 구원하였으니 평안히 가라
하시니라

43】

44】

45】

46】

47】

48】

49】

50】

여자들이 예수의 활동을 돕다

8 1 그 후에 예수께서 각 성과 마을에
두루 다니시며 하나님의 나라를 선
포하시며 그 복음을 전하실새 열두
제자가 함께 하였고
2 또한 악귀를 쫓아내심과 병 고침을
받은 어떤 여자들 곧 일곱 귀신이 나
간 자 막달라인이라 하는 마리아와
3 헤롯의 청지기 구사의 아내 요안나
와 수산나와 다른 여러 여자가 함께
하여 자기들의 소유로 그들을 섬기
더라

네 가지 땅에 떨어진 씨 비유(마 13:1-9; 막 4:1-9)

4 ○ 각 동네 사람들이 예수께로 나아와
큰 무리를 이루니 예수께서 비유로 말
씀하시되
5 씨를 뿌리는 자가 그 씨를 뿌리러 나
가서 뿌릴새 더러는 길 가에 떨어지매
밟히며 공중의 새들이 먹어버렸고
6 더러는 바위 위에 떨어지매 싹이 났
다가 습기가 없으므로 말랐고
7 더러는 가시떨기 속에 떨어지매 가시
가 함께 자라서 기운을 막았고
8 더러는 좋은 땅에 떨어지매 나서 백 배
의 결실을 하였느니라 이 말씀을 하시
고 외치시되 들을 귀 있는 자는 들을지
어다

1】

2】

3】

4】

5】

6】

7】

8】

비유를 설명하시다(마 13:10-23; 막 4:13-20)

9 ○ 제자들이 이 비유의 뜻을 물으니
10 이르시되 하나님 나라의 비밀을 아는
것이 너희에게는 허락되었으나 다른
사람에게는 비유로 하나니 이는 그들
로 보아도 보지 못하고 들어도 깨닫
지 못하게 하려 함이라
11 이 비유는 이러하니라 씨는 하나님의
말씀이요
12 길 가에 있다는 것은 말씀을 들은 자
니 이에 마귀가 가서 그들이 믿어 구
원을 얻지 못하게 하려고 말씀을 그
마음에서 빼앗는 것이요
13 바위 위에 있다는 것은 말씀을 들을
때에 기쁨으로 받으나 뿌리가 없어
잠깐 믿다가 시련을 당할 때에 배반
하는 자요
14 가시떨기에 떨어졌다는 것은 말씀을
들은 자이나 지내는 중 이생의 염려
와 재물과 향락에 기운이 막혀 온전
히 결실하지 못하는 자요
15 좋은 땅에 있다는 것은 착하고 좋은
마음으로 말씀을 듣고 지키어 인내로
결실하는 자니라

등불은 등경위에(막 4:21-25)

16 ○ 누구든지 등불을 켜서 그릇으로
덮거나 평상 아래에 두지 아니하고

9】

10】

11】

12】

13】

14】

15】

16】

등경 위에 두나니 이는 들어가는 자
들로 그 빛을 보게 하려 함이라
17 숨은 것이 장차 드러나지 아니할 것
이 없고 감추인 것이 장차 알려지고
나타나지 않을 것이 없느니라
18 그러므로 너희가 어떻게 들을까 스스
로 삼가라 누구든지 있는 자는 받겠
고 없는 자는 그 있는 줄로 아는 것까
지도 빼앗기리라 하시니라

예수의 어머니와 동생들
(마 12:46-50; 막 3:31-35)

19 ○ 예수의 어머니와 그 동생들이 왔으
나 무리로 인하여 가까이 하지 못하니
20 어떤 이가 알리되 당신의 어머니와
동생들이 당신을 보려고 밖에 서 있
나이다
21 예수께서 대답하여 이르시되 내 어머
니와 내 동생들은 곧 하나님의 말씀을
듣고 행하는 이 사람들이라 하시니라

바람과 물결을 잔잔하게 하시다
(마 8:23-27; 막 4:35-41)

22 ○ 하루는 제자들과 함께 배에 오르
사 그들에게 이르시되 호수 저편으로
건너가자 하시매 이에 떠나
23 행선할 때에 예수께서 잠이 드셨더니
마침 광풍이 호수로 내리치매 배에
물이 가득하게 되어 위태한지라
24 제자들이 나아와 깨워 이르되 주여
주여 우리가 죽겠나이다 한대 예수께

17】

18】

19】

20】

21】

22】

23】

24】

서 잠을 깨사 바람과 물결을 꾸짖으
시니 이에 그쳐 잔잔하여지더라
25 제자들에게 이르시되 너희 믿음이 어
디 있느냐 하시니 그들이 두려워하고
놀랍게 여겨 서로 말하되 그가 누구
이기에 바람과 물을 명하매 순종하는
가 하더라

귀신 들린 사람을 고치시다
(마 8:28-34; 막 5:1-20)

26 ○ 그들이 갈릴리 맞은편 거라사인의
땅에 이르러
27 예수께서 육지에 내리시매 그 도시
사람으로서 귀신 들린 자 하나가 예
수를 만나니 그 사람은 오래 옷을 입
지 아니하며 집에 거하지도 아니하고
무덤 사이에 거하는 자라
28 예수를 보고 부르짖으며 그 앞에 엎드
려 큰 소리로 불러 이르되 지극히 높으
신 하나님의 아들 예수여 당신이 나와
무슨 상관이 있나이까 당신께 구하노
니 나를 괴롭게 하지 마옵소서 하니
29 이는 예수께서 이미 더러운 귀신을
명하사 그 사람에게서 나오라 하셨음
이라 (귀신이 가끔 그 사람을 붙잡으
므로 그를 쇠사슬과 고랑에 매어 지
켰으되 그 맨 것을 끊고 귀신에게 몰
려 광야로 나갔더라)
30 예수께서 네 이름이 무엇이냐 물으신

25】

26】

27】

28】

29】

30】

즉 이르되 군대라 하니 이는 많은 귀
신이 들렸음이라
31 무저갱으로 들어가라 하지 마시기를
간구하더니
32 마침 그 곳에 많은 돼지 떼가 산에서
먹고 있는지라 귀신들이 그 돼지에게
로 들어가게 허락하심을 간구하니 이
에 허락하시니
33 귀신들이 그 사람에게서 나와 돼지에
게로 들어가니 그 떼가 비탈로 내리
달아 호수에 들어가 몰사하거늘
34 치던 자들이 그 이루어진 일을 보고
도망하여 성내와 마을에 알리니
35 사람들이 그 이루어진 일을 보러 나
와서 예수께 이르러 귀신 나간 사람
이 옷을 입고 정신이 온전하여 예수
의 발치에 앉아 있는 것을 보고 두려
워하거늘
36 귀신 들렸던 자가 어떻게 구원 받았
는지를 본 자들이 그들에게 이르매
37 거라사인의 땅 근방 모든 백성이 크
게 두려워하여 예수께 떠나가시기를
구하더라 예수께서 배에 올라 돌아가
실새
38 귀신 나간 사람이 함께 있기를 구하였으
나 예수께서 그를 보내시며 이르시되
39 집으로 돌아가 하나님이 네게 어떻게

31】

32】

33】

34】

35】

36】

37】

38】

39】

큰 일을 행하셨는지를 말하라 하시니
그가 가서 예수께서 자기에게 어떻게
큰 일을 행하셨는지를 온 성내에 전
파하니라

야이로의 딸과 예수의 옷에 손 댄 여자
(마 9:18-26; 막 5:21-43)

40 ○ 예수께서 돌아오시매 무리가 환영
하니 이는 다 기다렸음이러라
41 이에 회당장인 야이로라 하는 사람이
와서 예수의 발 아래에 엎드려 자기
집에 오시기를 간구하니
42 이는 자기에게 열두 살 된 외딸이 있
어 죽어감이러라
○ 예수께서 가실 때에 무리가 밀려
들더라
43 이에 열두 해를 혈루증으로 앓는 중에
아무에게도 고침을 받지 못하던 여자가
44 예수의 뒤로 와서 그의 옷 가에 손을
대니 혈루증이 즉시 그쳤더라
45 예수께서 이르시되 내게 손을 댄 자
가 누구냐 하시니 다 아니라 할 때에
베드로가 이르되 주여 무리가 밀려들
어 미나이다
46 예수께서 이르시되 내게 손을 댄 자
가 있도다 이는 내게서 능력이 나간
줄 앎이로다 하신대
47 여자가 스스로 숨기지 못할 줄 알고
떨며 나아와 엎드리어 그 손 댄 이유

40】
41】
42】
43】
44】
45】
46】
47】

와 곧 나은 것을 모든 사람 앞에서 말
하니
48 예수께서 이르시되 딸아 네 믿음이
너를 구원하였으니 평안히 가라 하시
더라
49 ○ 아직 말씀하실 때에 회당장의 집
에서 사람이 와서 말하되 당신의 딸
이 죽었나이다 선생님을 더 괴롭게
하지 마소서 하거늘
50 예수께서 들으시고 이르시되 두려워
하지 말고 믿기만 하라 그리하면 딸
이 구원을 얻으리라 하시고
51 그 집에 이르러 베드로와 요한과 야
고보와 아이의 부모 외에는 함께 들
어가기를 허락하지 아니하시니라
52 모든 사람이 아이를 위하여 울며 통
곡하매 예수께서 이르시되 울지 말라
죽은 것이 아니라 잔다 하시니
53 그들이 그 죽은 것을 아는 고로 비웃
더라
54 예수께서 아이의 손을 잡고 불러 이
르시되 아이야 일어나라 하시니
55 그 영이 돌아와 아이가 곧 일어나거늘
예수께서 먹을 것을 주라 명하시니
56 그 부모가 놀라는지라 예수께서 경고
하사 이 일을 아무에게도 말하지 말
라 하시니라

48】

49】

50】

51】

52】

53】

54】

55】

56】

년 월 일

열두 제자를 내보내시다(마 10:5-15; 막 6:7-13)

9
1 예수께서 열두 제자를 불러 모으사
모든 귀신을 제어하며 병을 고치는
능력과 권위를 주시고
2 하나님의 나라를 전파하며 앓는 자를
고치게 하려고 내보내시며
3 이르시되 여행을 위하여 아무 것도
가지지 말라 지팡이나 배낭이나 양식
이나 돈이나 두 벌 옷을 가지지 말며
4 어느 집에 들어가든지 거기서 머물다
가 거기서 떠나라
5 누구든지 너희를 영접하지 아니하거
든 그 성에서 떠날 때에 너희 발에서
먼지를 떨어 버려 그들에게 증거를
삼으라 하시니
6 제자들이 나가 각 마을에 두루 다니며
곳곳에 복음을 전하며 병을 고치더라

헤롯이 듣고 심히 당황하다 (마 14:1-12; 막 6:14-29)

7 ○ 분봉 왕 헤롯이 이 모든 일을 듣고
심히 당황하니 이는 어떤 사람은 요
한이 죽은 자 가운데서 살아났다고
도 하며
8 어떤 사람은 엘리야가 나타났다고도
하며 어떤 사람은 옛 선지자 한 사람
이 다시 살아났다고도 함이라
9 헤롯이 이르되 요한은 내가 목을 베었
거늘 이제 이런 일이 들리니 이 사람

이 누군가 하며 그를 보고자 하더라

오천 명을 먹이시다
(마 14:13-21; 막 6:30-44; 요 6:1-14)

10 ○ 사도들이 돌아와 자기들이 행한 모
든 것을 예수께 여쭈니 데리시고 따로
벳새다라는 고을로 떠나 가셨으나
11 무리가 알고 따라왔거늘 예수께서 그들
을 영접하사 하나님 나라의 일을 이야
기하시며 병 고칠 자들은 고치시더라
12 날이 저물어 가매 열두 사도가 나아와
여짜오되 무리를 보내어 두루 마을과 촌
으로 가서 유하며 먹을 것을 얻게 하소
서 우리가 있는 여기는 빈 들이니이다
13 예수께서 이르시되 너희가 먹을 것을
주라 하시니 여짜오되 우리에게 떡 다
섯 개와 물고기 두 마리밖에 없으니 이
모든 사람을 위하여 먹을 것을 사지 아
니하고서는 할 수 없사옵나이다 하니
14 이는 남자가 한 오천 명 됨이러라 제
자들에게 이르시되 떼를 지어 한 오
십 명씩 앉히라 하시니
15 제자들이 이렇게 하여 다 앉힌 후
16 예수께서 떡 다섯 개와 물고기 두 마
리를 가지사 하늘을 우러러 축사하시
고 떼어 제자들에게 주어 무리에게
나누어 주게 하시니
17 먹고 다 배불렀더라 그 남은 조각을
열두 바구니에 거두니라

10】

11】

12】

13】

14】

15】

16】

17】

년 월 일

베드로의 고백, 죽음과 부활 예고
(마 16:13-28; 막 8:27-9:1)

18 ○ 예수께서 따로 기도하실 때에 제
자들이 주와 함께 있더니 물어 이르
시되 무리가 나를 누구라고 하느냐
19 대답하여 이르되 세례 요한이라 하고
더러는 엘리야라, 더러는 옛 선지자
중의 한 사람이 살아났다 하나이다
20 예수께서 이르시되 너희는 나를 누구
라 하느냐 베드로가 대답하여 이르되
하나님의 그리스도시니이다 하니
21 경고하사 이 말을 아무에게도 이르지
말라 명하시고
22 이르시되 인자가 많은 고난을 받고
장로들과 대제사장들과 서기관들에
게 버린 바 되어 죽임을 당하고 제삼
일에 살아나야 하리라 하시고
23 또 무리에게 이르시되 아무든지 나를
따라오려거든 자기를 부인하고 날마
다 제 십자가를 지고 나를 따를 것이
니라
24 누구든지 제 목숨을 구원하고자 하면
잃을 것이요 누구든지 나를 위하여
제 목숨을 잃으면 구원하리라
25 사람이 만일 온 천하를 얻고도 자기
를 잃든지 빼앗기든지 하면 무엇이
유익하리요
26 누구든지 나와 내 말을 부끄러워하면

18】

19】

20】

21】

22】

23】

24】

25】

26】

인자도 자기와 아버지와 거룩한 천사
들의 영광으로 올 때에 그 사람을 부
끄러워하리라
27 내가 참으로 너희에게 이르노니 여기
서 있는 사람 중에 죽기 전에 하나님
의 나라를 볼 자들도 있느니라

영광스러운 모습으로 변화되시다
(마 17:1-8; 막 9:2-8)

28 ○ 이 말씀을 하신 후 팔 일쯤 되어 예
수께서 베드로와 요한과 야고보를 데
리고 기도하시러 산에 올라가사
29 기도하실 때에 용모가 변화되고 그
옷이 희어져 광채가 나더라
30 문득 두 사람이 예수와 함께 말하니
이는 모세와 엘리야라
31 영광중에 나타나서 장차 예수께서 예
루살렘에서 별세하실 것을 말할새
32 베드로와 및 함께 있는 자들이 깊이
졸다가 온전히 깨어나 예수의 영광과
및 함께 선 두 사람을 보더니
33 두 사람이 떠날 때에 베드로가 예수께
여짜오되 주여 우리가 여기 있는 것이
좋사오니 우리가 초막 셋을 짓되 하
나는 주를 위하여, 하나는 모세를 위
하여, 하나는 엘리야를 위하여 하사이
다 하되 자기가 하는 말을 자기도 알
지 못하더라
34 이 말 할 즈음에 구름이 와서 그들을

27】

28】

29】

30】

31】

32】

33】

34】

덮는지라 구름 속으로 들어갈 때에
그들이 무서워하더니
35 구름 속에서 소리가 나서 이르되 이
는 나의 아들 곧 택함을 받은 자니 너
희는 그의 말을 들으라 하고
36 소리가 그치매 오직 예수만 보이더라
제자들이 잠잠하여 그 본 것을 무엇
이든지 그 때에는 아무에게도 이르지
아니하니라

귀신 들린 아이를 낫게 하시다
(마 17:14-18; 막 9:14-27)

37 ○ 이튿날 산에서 내려오시니 큰 무
리가 맞을새
38 무리 중의 한 사람이 소리 질러 이르
되 선생님 청컨대 내 아들을 돌보아
주옵소서 이는 내 외아들이니이다
39 귀신이 그를 잡아 갑자기 부르짖게 하고
경련을 일으켜 거품을 흘리게 하며 몹시
상하게 하고야 겨우 떠나 가나이다
40 당신의 제자들에게 내쫓아 주기를 구
하였으나 그들이 능히 못하더이다
41 예수께서 대답하여 이르시되 믿음이
없고 패역한 세대여 내가 얼마나 너희
와 함께 있으며 너희에게 참으리요 네
아들을 이리로 데리고 오라 하시니
42 올 때에 귀신이 그를 거꾸러뜨리고
심한 경련을 일으키게 하는지라 예수
께서 더러운 귀신을 꾸짖으시고 아이

35】

36】

37】

38】

39】

40】

41】

42】

를 낮게 하사 그 아버지에게 도로 주
시니
43 사람들이 다 하나님의 위엄에 놀라
니라

인자가 사람들의 손에 넘겨지리라
(마 17:22-23; 막 9:30-32)

○ 그들이 다 그 행하시는 모든 일을
놀랍게 여길새 예수께서 제자들에게
이르시되
44 이 말을 너희 귀에 담아 두라 인자
가 장차 사람들의 손에 넘겨지리라
하시되
45 그들이 이 말씀을 알지 못하니 이는
그들로 깨닫지 못하게 숨긴 바 되었
음이라 또 그들은 이 말씀을 묻기도
두려워하더라

누가 크냐(마 18:1-5; 막 9:33-37)

46 ○ 제자 중에서 누가 크냐 하는 변론
이 일어나니
47 예수께서 그 마음에 변론하는 것을
아시고 어린 아이 하나를 데려다가
자기 곁에 세우시고
48 그들에게 이르시되 누구든지 내 이름
으로 이런 어린 아이를 영접하면 곧
나를 영접함이요 또 누구든지 나를
영접하면 곧 나를 보내신 이를 영접
함이라 너희 모든 사람 중에 가장 작
은 그가 큰 자니라

43】
44】
45】
46】
47】
48】

년 월 일

너희를 위하는 사람(막 9:38-40)

49 ○ 요한이 여짜오되 주여 어떤 사람
이 주의 이름으로 귀신을 내쫓는 것
을 우리가 보고 우리와 함께 따르지
아니하므로 금하였나이다
50 예수께서 이르시되 금하지 말라 너희
를 반대하지 않는 자는 너희를 위하
는 자니라 하시니라

사마리아의 마을에서 예수를 받아들이지 않다

51 ○ 예수께서 승천하실 기약이 차가매
예루살렘을 향하여 올라가기로 굳게
결심하시고
52 사자들을 앞서 보내시매 그들이 가서
예수를 위하여 준비하려고 사마리아
인의 한 마을에 들어갔더니
53 예수께서 예루살렘을 향하여 가시기
때문에 그들이 받아들이지 아니 하는
지라
54 제자 야고보와 요한이 이를 보고 이
르되 주여 우리가 불을 명하여 하늘
로부터 내려 저들을 멸하라 하기를
원하시나이까
55 예수께서 돌아보시며 꾸짖으시고
56 함께 다른 마을로 가시니라

나를 따르라(마 8:19-22)

57 ○ 길 가실 때에 어떤 사람이 여짜오
되 어디로 가시든지 나는 따르리이다

49】

50】

51】

52】

53】

54】

55】

56】

57】

58 예수께서 이르시되 여우도 굴이 있고
공중의 새도 집이 있으되 인자는 머
리 둘 곳이 없도다 하시고
59 또 다른 사람에게 나를 따르라 하시
니 그가 이르되 나로 먼저 가서 내 아
버지를 장사하게 허락하옵소서
60 이르시되 죽은 자들로 자기의 죽은
자들을 장사하게 하고 너는 가서 하
나님의 나라를 전파하라 하시고
61 또 다른 사람이 이르되 주여 내가 주
를 따르겠나이다마는 나로 먼저 내
가족을 작별하게 허락하소서
62 예수께서 이르시되 손에 쟁기를 잡고
뒤를 돌아보는 자는 하나님의 나라에
합당하지 아니하니라 하시니라

58】
59】
60】
61】
62】

칠십 인을 세워서 보내시다(마 11:20-24)

10 1 그 후에 주께서 따로 칠십 인을 세
우사 친히 가시려는 각 동네와 각
지역으로 둘씩 앞서 보내시며
2 이르시되 추수할 것은 많되 일꾼이 적으
니 그러므로 추수하는 주인에게 청하여
추수할 일꾼들을 보내 주소서 하라
3 갈지어다 내가 너희를 보냄이 어린
양을 이리 가운데로 보냄과 같도다
4 전대나 배낭이나 신발을 가지지 말며
길에서 아무에게도 문안하지 말며

1】
2】
3】
4】

5 어느 집에 들어가든지 먼저 말하되
이 집이 평안할지어다 하라
6 만일 평안을 받을 사람이 거기 있으면
너희의 평안이 그에게 머물 것이요 그
렇지 않으면 너희에게로 돌아오리라
7 그 집에 유하며 주는 것을 먹고 마시라
일꾼이 그 삯을 받는 것이 마땅하니라
이 집에서 저 집으로 옮기지 말라
8 어느 동네에 들어가든지 너희를 영접
하거든 너희 앞에 차려놓는 것을 먹고
9 거기 있는 병자들을 고치고 또 말하
기를 하나님의 나라가 너희에게 가까
이 왔다 하라
10 어느 동네에 들어가든지 너희를 영
접하지 아니하거든 그 거리로 나와서
말하되
11 너희 동네에서 우리 발에 묻은 먼지도
너희에게 떨어버리노라 그러나 하나님
의 나라가 가까이 온 줄을 알라 하라
12 내가 너희에게 말하노니 그 날에 소
돔이 그 동네보다 견디기 쉬우리라
13 화 있을진저 고라신아, 화 있을진저
벳새다야, 너희에게 행한 모든 권능
을 두로와 시돈에서 행하였더라면 그
들이 벌써 베옷을 입고 재에 앉아 회
개하였으리라
14 심판 때에 두로와 시돈이 너희보다

5】
6】
7】
8】
9】
10】
11】
12】
13】
14】

견디기 쉬우리라
15 가버나움아 네가 하늘에까지 높아지
겠느냐 음부에까지 낮아지리라
16 너희 말을 듣는 자는 곧 내 말을 듣는 것
이요 너희를 저버리는 자는 곧 나를 저
버리는 것이요 나를 저버리는 자는 나
보내신 이를 저버리는 것이라 하시니라

칠십 인이 돌아오다

17 ○ 칠십 인이 기뻐하며 돌아와 이르되
주여 주의 이름이면 귀신들도 우리에
게 항복하더이다
18 예수께서 이르시되 사탄이 하늘로부
터 번개 같이 떨어지는 것을 내가 보
았노라
19 내가 너희에게 뱀과 전갈을 밟으며 원
수의 모든 능력을 제어할 권능을 주었
으니 너희를 해칠 자가 결코 없으리라
20 그러나 귀신들이 너희에게 항복하는 것
으로 기뻐하지 말고 너희 이름이 하늘
에 기록된 것으로 기뻐하라 하시니라

예수의 감사 기도(마 11:25-27; 13:16-17)

21 ○ 그 때에 예수께서 성령으로 기뻐하
시며 이르시되 천지의 주재이신 아버
지여 이것을 지혜롭고 슬기 있는 자들
에게는 숨기시고 어린 아이들에게는
나타내심을 감사하나이다 옳소이다
이렇게 된 것이 아버지의 뜻이니이다

15】

16】

17】

18】

19】

20】

21】

22 내 아버지께서 모든 것을 내게 주셨으
니 아버지 외에는 아들이 누구인지 아
는 자가 없고 아들과 또 아들의 소원
대로 계시를 받는 자 외에는 아버지가
누구인지 아는 자가 없나이다 하시고
23 제자들을 돌아 보시며 조용히 이르시
되 너희가 보는 것을 보는 눈은 복이
있도다
24 내가 너희에게 말하노니 많은 선지자
와 임금이 너희가 보는 바를 보고자
하였으되 보지 못하였으며 너희가 듣
는 바를 듣고자 하였으되 듣지 못하
였느니라

자비를 베푼 사마리아 사람

25 ○ 어떤 율법교사가 일어나 예수를
시험하여 이르되 선생님 내가 무엇을
하여야 영생을 얻으리이까
26 예수께서 이르시되 율법에 무엇이라
기록되었으며 네가 어떻게 읽느냐
27 대답하여 이르되 네 마음을 다하며
목숨을 다하며 힘을 다하며 뜻을 다
하여 주 너의 하나님을 사랑하고 또
한 네 이웃을 네 자신 같이 사랑하라
하였나이다
28 예수께서 이르시되 네 대답이 옳도다
이를 행하라 그러면 살리라 하시니
29 그 사람이 자기를 옳게 보이려고 예

22】

23】

24】

25】

26】

27】

28】

29】

수께 여짜오되 그러면 내 이웃이 누
구니이까
30 예수께서 대답하여 이르시되 어떤 사
람이 예루살렘에서 여리고로 내려가
다가 강도를 만나매 강도들이 그 옷
을 벗기고 때려 거의 죽은 것을 버리
고 갔더라
31 마침 한 제사장이 그 길로 내려가다
가 그를 보고 피하여 지나가고
32 또 이와 같이 한 레위인도 그 곳에 이
르러 그를 보고 피하여 지나가되
33 어떤 사마리아 사람은 여행하는 중
거기 이르러 그를 보고 불쌍히 여겨
34 가까이 가서 기름과 포도주를 그 상처
에 붓고 싸매고 자기 짐승에 태워 주
막으로 데리고 가서 돌보아 주니라
35 그 이튿날 그가 주막 주인에게 데나
리온 둘을 내어 주며 이르되 이 사람
을 돌보아 주라 비용이 더 들면 내가
돌아올 때에 갚으리라 하였으니
36 네 생각에는 이 세 사람 중에 누가 강
도 만난 자의 이웃이 되겠느냐
37 이르되 자비를 베푼 자니이다 예수께
서 이르시되 가서 너도 이와 같이 하
라 하시니라

마르다와 마리아

38 ○ 그들이 길 갈 때에 예수께서 한 마

30】

31】

32】

33】

34】

35】

36】

37】

38】

을에 들어가시매 마르다라 이름하는
한 여자가 자기 집으로 영접하더라
39 그에게 마리아라 하는 동생이 있어 주
의 발치에 앉아 그의 말씀을 듣더니
40 마르다는 준비하는 일이 많아 마음이
분주한지라 예수께 나아가 이르되 주
여 내 동생이 나 혼자 일하게 두는 것
을 생각하지 아니하시나이까 그를 명
하사 나를 도와 주라 하소서
41 주께서 대답하여 이르시되 마르다야
마르다야 네가 많은 일로 염려하고
근심하나
42 몇 가지만 하든지 혹은 한 가지만이
라도 족하니라 마리아는 이 좋은 편
을 택하였으니 빼앗기지 아니하리라
하시니라

39】

40】

41】

42】

기도를 가르치시다(마 6:9-15; 7:7-11)

11 1 예수께서 한 곳에서 기도하시고 마
치시매 제자 중 하나가 여짜오되
주여 요한이 자기 제자들에게 기도를
가르친 것과 같이 우리에게도 가르쳐
주옵소서
2 예수께서 이르시되 너희는 기도할 때
에 이렇게 하라 아버지여 이름이 거
룩히 여김을 받으시오며 나라가 임하
시오며

1】

2】

3 우리에게 날마다 일용할 양식을 주시
옵고
4 우리가 우리에게 죄 지은 모든 사람
을 용서하오니 우리 죄도 사하여 주
시옵고 우리를 시험에 들게 하지 마
시옵소서 하라
5 ○ 또 이르시되 너희 중에 누가 벗이
있는데 밤중에 그에게 가서 말하기를
벗이여 떡 세 덩이를 내게 꾸어 달라
6 내 벗이 여행중에 내게 왔으나 내가
먹일 것이 없노라 하면
7 그가 안에서 대답하여 이르되 나를
괴롭게 하지 말라 문이 이미 닫혔고
아이들이 나와 함께 침실에 누웠으니
일어나 네게 줄 수가 없노라 하겠느냐
8 내가 너희에게 말하노니 비록 벗 됨
으로 인하여서는 일어나서 주지 아니
할지라도 그 간청함을 인하여 일어나
그 요구대로 주리라
9 내가 또 너희에게 이르노니 구하라
그러면 너희에게 주실 것이요 찾으라
그러면 찾아낼 것이요 문을 두드리라
그러면 너희에게 열릴 것이니
10 구하는 이마다 받을 것이요 찾는 이
는 찾아낼 것이요 두드리는 이에게는
열릴 것이니라
11 너희 중에 아버지 된 자로서 누가 아

3】

4】

5】

6】

7】

8】

9】

10】

11】

들이 생선을 달라 하는데 생선 대신
에 뱀을 주며
12 알을 달라 하는데 전갈을 주겠느냐
13 너희가 악할지라도 좋은 것을 자식에
게 줄 줄 알거든 하물며 너희 하늘 아
버지께서 구하는 자에게 성령을 주시
지 않겠느냐 하시니라

예수와 바알세불
(마 12:22-30, 43-45; 막 3:20-27)

14 ○ 예수께서 한 말 못하게 하는 귀신
을 쫓아내시니 귀신이 나가매 말 못
하는 사람이 말하는지라 무리들이 놀
랍게 여겼으나
15 그 중에 더러는 말하기를 그가 귀신
의 왕 바알세불을 힘입어 귀신을 쫓
아낸다 하고
16 또 더러는 예수를 시험하여 하늘로부
터 오는 표적을 구하니
17 예수께서 그들의 생각을 아시고 이르
시되 스스로 분쟁하는 나라마다 황폐
하여지며 스스로 분쟁하는 집은 무너
지느니라
18 너희 말이 내가 바알세불을 힘입어
귀신을 쫓아낸다 하니 만일 사탄이
스스로 분쟁하면 그의 나라가 어떻게
서겠느냐
19 내가 바알세불을 힘입어 귀신을 쫓
아내면 너희 아들들은 누구를 힘입어

12】
13】
14】
15】
16】
17】
18】
19】

쫓아내느냐 그러므로 그들이 너희 재
판관이 되리라
20 그러나 내가 만일 하나님의 손을 힘
입어 귀신을 쫓아낸다면 하나님의 나
라가 이미 너희에게 임하였느니라
21 강한 자가 무장을 하고 자기 집을 지
킬 때에는 그 소유가 안전하되
22 더 강한 자가 와서 그를 굴복시킬 때
에는 그가 믿던 무장을 빼앗고 그의
재물을 나누느니라
23 나와 함께 하지 아니하는 자는 나를
반대하는 자요 나와 함께 모으지 아
니하는 자는 헤치는 자니라
24 더러운 귀신이 사람에게서 나갔을 때
에 물 없는 곳으로 다니며 쉬기를 구
하되 얻지 못하고 이에 이르되 내가
나온 내 집으로 돌아가리라 하고
25 가서 보니 그 집이 청소되고 수리되
었거늘
26 이에 가서 저보다 더 악한 귀신 일곱을
데리고 들어가서 거하니 그 사람의 나
중 형편이 전보다 더 심하게 되느니라

복이 있는자

27 ○ 이 말씀을 하실 때에 무리 중에서
한 여자가 음성을 높여 이르되 당신
을 밴 태와 당신을 먹인 젖이 복이 있
나이다 하니

20】

21】

22】

23】

24】

25】

26】

27】

28 예수께서 이르시되 오히려 하나님의
말씀을 듣고 지키는 자가 복이 있느
니라 하시니라

악한 세대가 표적을 구하나
(마 12:38-42; 막 8:12)

29 ○ 무리가 모였을 때에 예수께서 말
씀하시되 이 세대는 악한 세대라 표
적을 구하되 요나의 표적 밖에는 보
일 표적이 없나니
30 요나가 니느웨 사람들에게 표적이 됨
과 같이 인자도 이 세대에 그러하리라
31 심판 때에 남방 여왕이 일어나 이 세
대 사람을 정죄하리니 이는 그가 솔
로몬의 지혜로운 말을 들으려고 땅
끝에서 왔음이거니와 솔로몬보다 더
큰 이가 여기 있으며
32 심판 때에 니느웨 사람들이 일어나
이 세대 사람을 정죄하리니 이는 그
들이 요나의 전도를 듣고 회개하였음
이거니와 요나보다 더 큰 이가 여기
있느니라

눈은 몸의 등불(마 5:15; 6:22-23)

33 ○ 누구든지 등불을 켜서 움 속에나
말 아래에 두지 아니하고 등경 위에
두나니 이는 들어가는 자로 그 빛을
보게 하려 함이라
34 네 몸의 등불은 눈이라 네 눈이 성하
면 온 몸이 밝을 것이요 만일 나쁘면

28】

29】

30】

31】

32】

33】

34】

네 몸도 어두우리라
35 그러므로 네 속에 있는 빛이 어둡지
아니한가 보라
36 네 온 몸이 밝아 조금도 어두운 데가
없으면 등불의 빛이 너를 비출 때와
같이 온전히 밝으리라 하시니라

바리새인과 율법교사
(마 23:1-36; 막 12:38-40; 눅 20:45-47)

37 ○ 예수께서 말씀하실 때에 한 바리
새인이 자기와 함께 점심 잡수시기를
청하므로 들어가 앉으셨더니
38 잡수시기 전에 손 씻지 아니하심을 그
바리새인이 보고 이상히 여기는지라
39 주께서 이르시되 너희 바리새인은 지
금 잔과 대접의 겉은 깨끗이 하나 너
희 속에는 탐욕과 악독이 가득하도다
40 어리석은 자들아 겉을 만드신 이가
속도 만들지 아니하셨느냐
41 그러나 그 안에 있는 것으로 구제하
라 그리하면 모든 것이 너희에게 깨
끗하리라
42 ○ 화 있을진저 너희 바리새인이여 너
희가 박하와 운향과 모든 채소의 십일
조는 드리되 공의와 하나님께 대한 사
랑은 버리는도다 그러나 이것도 행하
고 저것도 버리지 말아야 할지니라
43 화 있을진저 너희 바리새인이여 너희
가 회당의 높은 자리와 시장에서 문

35】
36】
37】
38】
39】
40】
41】
42】
43】

안 받는 것을 기뻐하는도다
44 화 있을진저 너희여 너희는 평토장한
무덤 같아서 그 위를 밟는 사람이 알
지 못하느니라
45 ○ 한 율법교사가 예수께 대답하여
이르되 선생님 이렇게 말씀하시니 우
리까지 모욕하심이니이다
46 이르시되 화 있을진저 또 너희 율법
교사여 지기 어려운 짐을 사람에게
지우고 너희는 한 손가락도 이 짐에
대지 않는도다
47 화 있을진저 너희는 선지자들의 무덤
을 만드는도다 그들을 죽인 자도 너
희 조상들이로다
48 이와 같이 그들은 죽이고 너희는 무
덤을 만드니 너희가 너희 조상의 행한
일에 증인이 되어 옳게 여기는도다
49 그러므로 하나님의 지혜가 일렀으되
내가 선지자와 사도들을 그들에게 보
내리니 그 중에서 더러는 죽이며 또
박해하리라 하였느니라
50 창세 이후로 흘린 모든 선지자의 피
를 이 세대가 담당하되
51 곧 아벨의 피로부터 제단과 성전 사
이에서 죽임을 당한 사가랴의 피까지
하리라 내가 너희에게 이르노니 과연
이 세대가 담당하리라

44】

45】

46】

47】

48】

49】

50】

51】

52 화 있을진저 너희 율법교사여 너희가
지식의 열쇠를 가져가서 너희도 들어
가지 않고 또 들어가고자 하는 자도
막았느니라 하시니라
53 ○ 거기서 나오실 때에 서기관과 바
리새인들이 거세게 달려들어 여러 가
지 일을 따져 묻고
54 그 입에서 나오는 말을 책잡고자 하
여 노리고 있더라

52】

53】

54】

바리새인들의 외식을 주의하라
(마 10:26-33; 12:32; 10:19-20)

12

1 그 동안에 무리 수만 명이 모여 서
로 밟힐 만큼 되었더니 예수께서 먼
저 제자들에게 말씀하여 이르시되 바
리새인들의 누룩 곧 외식을 주의하라
2 감추인 것이 드러나지 않을 것이 없고
숨긴 것이 알려지지 않을 것이 없나니
3 이러므로 너희가 어두운 데서 말한
모든 것이 광명한 데서 들리고 너희
가 골방에서 귀에 대고 말한 것이 지
붕 위에서 전파되리라
4 내가 내 친구 너희에게 말하노니 몸
을 죽이고 그 후에는 능히 더 못하는
자들을 두려워하지 말라
5 마땅히 두려워할 자를 내가 너희에
게 보이리니 곧 죽인 후에 또한 지옥
에 던져 넣는 권세 있는 그를 두려워

1】

2】

3】

4】

5】

하라 내가 참으로 너희에게 이르노니
그를 두려워하라
6 참새 다섯 마리가 두 앗사리온에 팔리
는 것이 아니냐 그러나 하나님 앞에는
그 하나도 잊어버리시는 바 되지 아니
하는도다
7 너희에게는 심지어 머리털까지도 다
세신 바 되었나니 두려워하지 말라
너희는 많은 참새보다 더 귀하니라
8 내가 또한 너희에게 말하노니 누구든
지 사람 앞에서 나를 시인하면 인자
도 하나님의 사자들 앞에서 그를 시
인할 것이요
9 사람 앞에서 나를 부인하는 자는 하나
님의 사자들 앞에서 부인을 당하리라
10 누구든지 말로 인자를 거역하면 사하
심을 받으려니와 성령을 모독하는 자
는 사하심을 받지 못하리라
11 사람이 너희를 회당이나 위정자나 권
세 있는 자 앞에 끌고 가거든 어떻게
무엇으로 대답하며 무엇으로 말할까
염려하지 말라
12 마땅히 할 말을 성령이 곧 그 때에 너
희에게 가르치시리라 하시니라

한 부자 비유

13 ○ 무리 중에 한 사람이 이르되 선생
님 내 형을 명하여 유산을 나와 나누

6】

7】

8】

9】

10】

11】

12】

13】

게 하소서 하니
14 이르시되 이 사람아 누가 나를 너희
의 재판장이나 물건 나누는 자로 세
웠느냐 하시고
15 그들에게 이르시되 삼가 모든 탐심을
물리치라 사람의 생명이 그 소유의
넉넉한 데 있지 아니하니라 하시고
16 또 비유로 그들에게 말하여 이르시되
한 부자가 그 밭에 소출이 풍성하매
17 심중에 생각하여 이르되 내가 곡식
쌓아 둘 곳이 없으니 어찌할까 하고
18 또 이르되 내가 이렇게 하리라 내 곳
간을 헐고 더 크게 짓고 내 모든 곡식
과 물건을 거기 쌓아 두리라
19 또 내가 내 영혼에게 이르되 영혼아
여러 해 쓸 물건을 많이 쌓아 두었으
니 평안히 쉬고 먹고 마시고 즐거워
하자 하리라 하되
20 하나님은 이르시되 어리석은 자여 오
늘 밤에 네 영혼을 도로 찾으리니 그
러면 네 준비한 것이 누구의 것이 되
겠느냐 하셨으니
21 자기를 위하여 재물을 쌓아 두고 하
나님께 대하여 부요하지 못한 자가
이와 같으니라

목숨과 몸을 위하여 염려하지 말라(마 6:25-34)

22 ○ 또 제자들에게 이르시되 그러므로

14】

15】

16】

17】

18】

19】

20】

21】

22】

년 월 일

내가 너희에게 이르노니 너희 목숨을
위하여 무엇을 먹을까 몸을 위하여
무엇을 입을까 염려하지 말라
23 목숨이 음식보다 중하고 몸이 의복보
다 중하니라
24 까마귀를 생각하라 심지도 아니하고
거두지도 아니하며 골방도 없고 창고
도 없으되 하나님이 기르시나니 너희
는 새보다 얼마나 더 귀하냐
25 또 너희 중에 누가 염려함으로 그 키
를 한 자라도 더할 수 있느냐
26 그런즉 가장 작은 일도 하지 못하면
서 어찌 다른 일들을 염려하느냐
27 백합화를 생각하여 보라 실도 만들지
않고 짜지도 아니하느니라 그러나 내
가 너희에게 말하노니 솔로몬의 모든
영광으로도 입은 것이 이 꽃 하나만
큼 훌륭하지 못하였느니라
28 오늘 있다가 내일 아궁이에 던져지는
들풀도 하나님이 이렇게 입히시거든
하물며 너희일까보냐 믿음이 작은 자
들아
29 너희는 무엇을 먹을까 무엇을 마실까
하여 구하지 말며 근심하지도 말라
30 이 모든 것은 세상 백성들이 구하는 것
이라 너희 아버지께서는 이런 것이 너
희에게 있어야 할 것을 아시느니라

23】
24】
25】
26】
27】
28】
29】
30】

31 다만 너희는 그의 나라를 구하라 그리하
면 이런 것들을 너희에게 더하시리라
32 적은 무리여 무서워 말라 너희 아버
지께서 그 나라를 너희에게 주시기를
기뻐하시느니라
33 너희 소유를 팔아 구제하여 낡아지지
아니하는 배낭을 만들라 곧 하늘에 둔
바 다함이 없는 보물이니 거기는 도둑
도 가까이 하는 일이 없고 좀도 먹는
일이 없느니라
34 너희 보물 있는 곳에는 너희 마음도
있으리라

깨어 준비하고 있으라(마 24:45-51)

35 ○ 허리에 띠를 띠고 등불을 켜고 서
있으라
36 너희는 마치 그 주인이 혼인 집에서
돌아와 문을 두드리면 곧 열어 주려
고 기다리는 사람과 같이 되라
37 주인이 와서 깨어 있는 것을 보면 그
종들은 복이 있으리로다 내가 진실로
너희에게 이르노니 주인이 띠를 띠고
그 종들을 자리에 앉히고 나아와 수
종들리라
38 주인이 혹 이경에나 혹 삼경에 이르
러서도 종들이 그같이 하고 있는 것
을 보면 그 종들은 복이 있으리로다
39 너희도 아는 바니 집 주인이 만일 도

31】

32】

33】

34】

35】

36】

37】

38】

39】

둑이 어느 때에 이를 줄 알았더라면
그 집을 뚫지 못하게 하였으리라
40 그러므로 너희도 준비하고 있으라 생
각하지 않은 때에 인자가 오리라 하
시니라
41 ○ 베드로가 여짜오되 주께서 이 비
유를 우리에게 하심이니이까 모든 사
람에게 하심이니이까
42 주께서 이르시되 지혜 있고 진실한
청지기가 되어 주인에게 그 집 종들
을 맡아 때를 따라 양식을 나누어 줄
자가 누구냐
43 주인이 이를 때에 그 종이 그렇게 하는
것을 보면 그 종은 복이 있으리로다
44 내가 참으로 너희에게 이르노니 주인
이 그 모든 소유를 그에게 맡기리라
45 만일 그 종이 마음에 생각하기를 주
인이 더디 오리라 하여 남녀 종들을
때리며 먹고 마시고 취하게 되면
46 생각하지 않은 날 알지 못하는 시각
에 그 종의 주인이 이르러 엄히 때리
고 신실하지 아니한 자의 받는 벌에
처하리니
47 주인의 뜻을 알고도 준비하지 아니하
고 그 뜻대로 행하지 아니한 종은 많
이 맞을 것이요
48 알지 못하고 맞을 일을 행한 종은 적

40】

41】

42】

43】

44】

45】

46】

47】

48】

게 맞으리라 무릇 많이 받은 자에게
는 많이 요구할 것이요 많이 맡은 자
에게는 많이 달라 할 것이니라

불을 던지러, 분쟁을 일으키러 왔다(마 10:34-36)

49 ○ 내가 불을 땅에 던지러 왔노니 이 불
이 이미 붙었으면 내가 무엇을 원하리요
50 나는 받을 세례가 있으니 그것이 이
루어지기까지 나의 답답함이 어떠하
겠느냐
51 내가 세상에 화평을 주려고 온 줄로
아느냐 내가 너희에게 이르노니 아니
라 도리어 분쟁하게 하려 함이로라
52 이 후부터 한 집에 다섯 사람이 있어 분
쟁하되 셋이 둘과, 둘이 셋과 하리니
53 아버지가 아들과, 아들이 아버지와,
어머니가 딸과, 딸이 어머니와, 시어
머니가 며느리와, 며느리가 시어머니
와 분쟁하리라 하시니라

시대를 분간하고, 화해하기를 힘쓰라
(마 5:25-26; 16:2-3)

54 ○ 또 무리에게 이르시되 너희가 구름이
서쪽에서 이는 것을 보면 곧 말하기를
소나기가 오리라 하나니 과연 그러하고
55 남풍이 부는 것을 보면 말하기를 심히
더우리라 하나니 과연 그러하니라
56 외식하는 자여 너희가 천지의 기상은
분간할 줄 알면서 어찌 이 시대는 분
간하지 못하느냐

49】

50】

51】

52】

53】

54】

55】

56】

년 월 일

57 또 어찌하여 옳은 것을 스스로 판단
하지 아니하느냐
58 네가 너를 고발하는 자와 함께 법관
에게 갈 때에 길에서 화해하기를 힘
쓰라 그가 너를 재판장에게 끌어 가
고 재판장이 너를 옥졸에게 넘겨 주
어 옥졸이 옥에 가둘까 염려하라
59 네게 이르노니 한 푼이라도 남김이
없이 갚지 아니하고서는 결코 거기서
나오지 못하리라 하시니라

57】

58】

59】

회개하지 아니하면 망하리라

13 1 그 때 마침 두어 사람이 와서 빌라
도가 어떤 갈릴리 사람들의 피를 그
들의 제물에 섞은 일로 예수께 아뢰니
2 대답하여 이르시되 너희는 이 갈릴리
사람들이 이같이 해 받으므로 다른 모
든 갈릴리 사람보다 죄가 더 있는 줄
아느냐
3 너희에게 이르노니 아니라 너희도 만
일 회개하지 아니하면 다 이와 같이
망하리라
4 또 실로암에서 망대가 무너져 치어 죽
은 열여덟 사람이 예루살렘에 거한 다
른 모든 사람보다 죄가 더 있는 줄 아
느냐
5 너희에게 이르노니 아니라 너희도 만

1】

2】

3】

4】

5】

일 회개하지 아니하면 다 이와 같이
망하리라

열매 맺지 못하는 무화과 나무 비유

6 ○ 이에 비유로 말씀하시되 한 사람
이 포도원에 무화과나무를 심은 것이
있더니 와서 그 열매를 구하였으나
얻지 못한지라
7 포도원지기에게 이르되 내가 삼 년을
와서 이 무화과나무에서 열매를 구하
되 얻지 못하니 찍어버리라 어찌 땅
만 버리게 하겠느냐
8 대답하여 이르되 주인이여 금년에도
그대로 두소서 내가 두루 파고 거름
을 주리니
9 이 후에 만일 열매가 열면 좋거니와
그렇지 않으면 찍어버리소서 하였다
하시니라

안식일에 꼬부라진 여자를 고치시다

10 ○ 예수께서 안식일에 한 회당에서
가르치실 때에
11 열여덟 해 동안이나 귀신 들려 앓으
며 꼬부라져 조금도 펴지 못하는 한
여자가 있더라
12 예수께서 보시고 불러 이르시되 여자
여 네가 네 병에서 놓였다 하시고
13 안수하시니 여자가 곧 펴고 하나님께
영광을 돌리는지라

6】
7】
8】
9】
10】
11】
12】
13】

14 회당장이 예수께서 안식일에 병 고치
시는 것을 분 내어 무리에게 이르되
일할 날이 엿새가 있으니 그 동안에
와서 고침을 받을 것이요 안식일에는
하지 말 것이니라 하거늘
15 주께서 대답하여 이르시되 외식하는
자들아 너희가 각각 안식일에 자기의
소나 나귀를 외양간에서 풀어내어 이
끌고 가서 물을 먹이지 아니하느냐
16 그러면 열여덟 해 동안 사탄에게 매
인 바 된 이 아브라함의 딸을 안식일
에 이 매임에서 푸는 것이 합당하지
아니하냐
17 예수께서 이 말씀을 하시매 모든 반
대하는 자들은 부끄러워하고 온 무리
는 그가 하시는 모든 영광스러운 일
을 기뻐하니라

겨자씨와 누룩 비유(마 13:31-33; 막 4:30-32)

18 ○ 그러므로 예수께서 이르시되 하나
님의 나라가 무엇과 같을까 내가 무
엇으로 비교할까
19 마치 사람이 자기 채소밭에 갖다 심
은 겨자씨 한 알 같으니 자라 나무가
되어 공중의 새들이 그 가지에 깃들
였느니라
20 또 이르시되 내가 하나님의 나라를
무엇으로 비교할까

14】

15】

16】

17】

18】

19】

20】

21 마치 여자가 가루 서 말 속에 갖다 넣
어 전부 부풀게 한 누룩과 같으니라
하셨더라

좁은 문으로 들어가기를 힘쓰라(마 7:13-14, 21-23)

22 ○ 예수께서 각 성 각 마을로 다니사 가
르치시며 예루살렘으로 여행하시더니
23 어떤 사람이 여짜오되 주여 구원을 받는
자가 적으니이까 그들에게 이르시되
24 좁은 문으로 들어가기를 힘쓰라 내가
너희에게 이르노니 들어가기를 구하
여도 못하는 자가 많으리라
25 집 주인이 일어나 문을 한 번 닫은 후
에 너희가 밖에 서서 문을 두드리며
주여 열어 주소서 하면 그가 대답하
여 이르되 나는 너희가 어디에서 온
자인지 알지 못하노라 하리니
26 그 때에 너희가 말하되 우리는 주 앞
에서 먹고 마셨으며 주는 또한 우리
를 길거리에서 가르치셨나이다 하나
27 그가 너희에게 말하여 이르되 나는
너희가 어디에서 왔는지 알지 못하노
라 행악하는 모든 자들아 나를 떠나
가라 하리라
28 너희가 아브라함과 이삭과 야곱과 모
든 선지자는 하나님 나라에 있고 오
직 너희는 밖에 쫓겨난 것을 볼 때에
거기서 슬피 울며 이를 갈리라

21】

22】

23】

24】

25】

26】

27】

28】

29 사람들이 동서남북으로부터 와서 하
나님의 나라 잔치에 참여하리니
30 보라 나중 된 자로서 먼저 될 자도 있
고 먼저 된 자로서 나중 될 자도 있느
니라 하시더라

선지자들을 죽이는 예루살렘아(마 23:37-39)

31 ○ 곧 그 때에 어떤 바리새인들이 나
아와서 이르되 나가서 여기를 떠나소
서 헤롯이 당신을 죽이고자 하나이다
32 이르시되 너희는 가서 저 여우에게
이르되 오늘과 내일은 내가 귀신을
쫓아내며 병을 고치다가 제삼일에는
완전하여지리라 하라
33 그러나 오늘과 내일과 모레는 내가
갈 길을 가야 하리니 선지자가 예루
살렘 밖에서는 죽는 법이 없느니라
34 예루살렘아 예루살렘아 선지자들을
죽이고 네게 파송된 자들을 돌로 치
는 자여 암탉이 제 새끼를 날개 아래
에 모음 같이 내가 너희의 자녀를 모
으려 한 일이 몇 번이냐 그러나 너희
가 원하지 아니하였도다
35 보라 너희 집이 황폐하여 버린 바 되
리라 내가 너희에게 이르노니 너희가
주의 이름으로 오시는 이를 찬송하리
로다 할 때까지는 나를 보지 못하리
라 하시니라

29】

30】

31】

32】

33】

34】

35】

수종병 든 사람을 고치시다

14 1 안식일에 예수께서 한 바리새인
지도자의 집에 떡 잡수시러 들어
가시니 그들이 엿보고 있더라
2 주의 앞에 수종병 든 한 사람이 있는
지라
3 예수께서 대답하여 율법교사들과 바
리새인들에게 이르시되 안식일에 병
고쳐 주는 것이 합당하냐 아니하냐
4 그들이 잠잠하거늘 예수께서 그 사람
을 데려다가 고쳐 보내시고
5 또 그들에게 이르시되 너희 중에 누
가 그 아들이나 소가 우물에 빠졌으
면 안식일에라도 곧 끌어내지 않겠느
냐 하시니
6 그들이 이에 대하여 대답하지 못하니라

끝자리에 앉으라

7 ○ 청함을 받은 사람들이 높은 자리
택함을 보시고 그들에게 비유로 말씀
하여 이르시되
8 네가 누구에게나 혼인 잔치에 청함을
받았을 때에 높은 자리에 앉지 말라
그렇지 않으면 너보다 더 높은 사람
이 청함을 받은 경우에
9 너와 그를 청한 자가 와서 너더러 이
사람에게 자리를 내주라 하리니 그
때에 네가 부끄러워 끝자리로 가게

1】

2】

3】

4】

5】

6】

7】

8】

9】

되리라
10 청함을 받았을 때에 차라리 가서 끝
자리에 앉으라 그러면 너를 청한 자
가 와서 너더러 벗이여 올라 앉으라
하리니 그 때에야 함께 앉은 모든 사
람 앞에서 영광이 있으리라
11 무릇 자기를 높이는 자는 낮아지고
자기를 낮추는 자는 높아지리라
12 ○ 또 자기를 청한 자에게 이르시되 네
가 점심이나 저녁이나 베풀거든 벗이
나 형제나 친척이나 부한 이웃을 청하
지 말라 두렵건대 그 사람들이 너를 도
로 청하여 네게 갚음이 될까 하노라
13 잔치를 베풀거든 차라리 가난한 자들
과 몸 불편한 자들과 저는 자들과 맹
인들을 청하라
14 그리하면 그들이 갚을 것이 없으므로 네
게 복이 되리니 이는 의인들의 부활시에
네가 갚음을 받겠음이라 하시더라

큰 잔치 비유(마 22:1-10)

15 ○ 함께 먹는 사람 중의 하나가 이 말
을 듣고 이르되 무릇 하나님의 나라
에서 떡을 먹는 자는 복되도다 하니
16 이르시되 어떤 사람이 큰 잔치를 베
풀고 많은 사람을 청하였더니
17 잔치할 시각에 그 청하였던 자들에게
종을 보내어 이르되 오소서 모든 것

10】

11】

12】

13】

14】

15】

16】

17】

이 준비되었나이다 하매
18 다 일치하게 사양하여 한 사람은 이
르되 나는 밭을 샀으매 아무래도 나
가 보아야 하겠으니 청컨대 나를 양
해하도록 하라 하고
19 또 한 사람은 이르되 나는 소 다섯 겨
리를 샀으매 시험하러 가니 청컨대
나를 양해하도록 하라 하고
20 또 한 사람은 이르되 나는 장가 들었
으니 그러므로 가지 못하겠노라 하는
지라
21 종이 돌아와 주인에게 그대로 고하니
이에 집 주인이 노하여 그 종에게 이르
되 빨리 시내의 거리와 골목으로 나가
서 가난한 자들과 몸 불편한 자들과 맹
인들과 저는 자들을 데려오라 하니라
22 종이 이르되 주인이여 명하신 대로
하였으되 아직도 자리가 있나이다
23 주인이 종에게 이르되 길과 산울타리
가로 나가서 사람을 강권하여 데려다
가 내 집을 채우라
24 내가 너희에게 말하노니 전에 청하였
던 그 사람들은 하나도 내 잔치를 맛
보지 못하리라 하였다 하시니라

제자가 되는 길(마 5:13; 막 9:50)

25 ○ 수많은 무리가 함께 갈새 예수께
서 돌이키사 이르시되

18】

19】

20】

21】

22】

23】

24】

25】

년 월 일

26 무릇 내게 오는 자가 자기 부모와 처
자와 형제와 자매와 더욱이 자기 목
숨까지 미워하지 아니하면 능히 내
제자가 되지 못하고
27 누구든지 자기 십자가를 지고 나를
따르지 않는 자도 능히 내 제자가 되
지 못하리라
28 너희 중의 누가 망대를 세우고자 할
진대 자기의 가진 것이 준공하기까지
에 족할는지 먼저 앉아 그 비용을 계
산하지 아니하겠느냐
29 그렇게 아니하여 그 기초만 쌓고 능히
이루지 못하면 보는 자가 다 비웃어
30 이르되 이 사람이 공사를 시작하고
능히 이루지 못하였다 하리라
31 또 어떤 임금이 다른 임금과 싸우러
갈 때에 먼저 앉아 일만 명으로써 저
이만 명을 거느리고 오는 자를 대적할
수 있을까 헤아리지 아니하겠느냐
32 만일 못할 터이면 그가 아직 멀리 있
을 때에 사신을 보내어 화친을 청할
지니라
33 이와 같이 너희 중의 누구든지 자기
의 모든 소유를 버리지 아니하면 능
히 내 제자가 되지 못하리라
34 소금이 좋은 것이나 소금도 만일 그
맛을 잃으면 무엇으로 짜게 하리요

26】

27】

28】

29】

30】

31】

32】

33】

34】

35 땅에도, 거름에도 쓸 데 없어 내버리
느니라 들을 귀가 있는 자는 들을지
어다 하시니라

35】

잃은 양을 찾은 목자 비유(마 18:12-14)

15 1 모든 세리와 죄인들이 말씀을 들
으러 가까이 나아오니
2 바리새인과 서기관들이 수군거려 이
르되 이 사람이 죄인을 영접하고 음
식을 같이 먹는다 하더라
3 ○ 예수께서 그들에게 이 비유로 이르
시되
4 너희 중에 어떤 사람이 양 백 마리가
있는데 그 중의 하나를 잃으면 아흔아
홉 마리를 들에 두고 그 잃은 것을 찾
아내기까지 찾아다니지 아니하겠느냐
5 또 찾아낸즉 즐거워 어깨에 메고
6 집에 와서 그 벗과 이웃을 불러 모으
고 말하되 나와 함께 즐기자 나의 잃
은 양을 찾아내었노라 하리라
7 내가 너희에게 이르노니 이와 같이
죄인 한 사람이 회개하면 하늘에서는
회개할 것 없는 의인 아흔아홉으로
말미암아 기뻐하는 것보다 더하리라

잃은 드라크마를 찾은 여인 비유

8 ○ 어떤 여자가 열 드라크마가 있는
데 하나를 잃으면 등불을 켜고 집을

1】
2】
3】
4】
5】
6】
7】
8】

년 월 일

쓸며 찾아내기까지 부지런히 찾지 아
니하겠느냐
9 또 찾아낸즉 벗과 이웃을 불러 모으
고 말하되 나와 함께 즐기자 잃은 드
라크마를 찾아내었노라 하리라
10 내가 너희에게 이르노니 이와 같이
죄인 한 사람이 회개하면 하나님의
사자들 앞에 기쁨이 되느니라

잃은 아들을 되찾은 아버지 비유

11 ○ 또 이르시되 어떤 사람에게 두 아
들이 있는데
12 그 둘째가 아버지에게 말하되 아버지
여 재산 중에서 내게 돌아올 분깃을
내게 주소서 하는지라 아버지가 그
살림을 각각 나눠 주었더니
13 그 후 며칠이 안 되어 둘째 아들이 재물
을 다 모아 가지고 먼 나라에 가 거기서
허랑방탕하여 그 재산을 낭비하더니
14 다 없앤 후 그 나라에 크게 흉년이 들
어 그가 비로소 궁핍한지라
15 가서 그 나라 백성 중 한 사람에게 붙
여 사니 그가 그를 들로 보내어 돼지
를 치게 하였는데
16 그가 돼지 먹는 쥐엄 열매로 배를 채
우고자 하되 주는 자가 없는지라
17 이에 스스로 돌이켜 이르되 내 아버지
에게는 양식이 풍족한 품꾼이 얼마나

9】
10】
11】
12】
13】
14】
15】
16】
17】

많은가 나는 여기서 주려 죽는구나
18 내가 일어나 아버지께 가서 이르기
를 아버지 내가 하늘과 아버지께 죄
를 지었사오니
19 지금부터는 아버지의 아들이라 일컬
음을 감당하지 못하겠나이다 나를 품
꾼의 하나로 보소서 하리라 하고
20 이에 일어나서 아버지께로 돌아가니
라 아직도 거리가 먼데 아버지가 그
를 보고 측은히 여겨 달려가 목을 안
고 입을 맞추니
21 아들이 이르되 아버지 내가 하늘과
아버지께 죄를 지었사오니 지금부터
는 아버지의 아들이라 일컬음을 감당
하지 못하겠나이다 하나
22 아버지는 종들에게 이르되 제일 좋은
옷을 내어다가 입히고 손에 가락지를
끼우고 발에 신을 신기라
23 그리고 살진 송아지를 끌어다가 잡으
라 우리가 먹고 즐기자
24 이 내 아들은 죽었다가 다시 살아났
으며 내가 잃었다가 다시 얻었노라
하니 그들이 즐거워하더라
25 맏아들은 밭에 있다가 돌아와 집에 가
까이 왔을 때에 풍악과 춤추는 소리를
듣고
26 한 종을 불러 이 무슨 일인가 물은대

18】

19】

20】

21】

22】

23】

24】

25】

26】

년 월 일

27 대답하되 당신의 동생이 돌아왔으매
당신의 아버지가 건강한 그를 다시
맞아들이게 됨으로 인하여 살진 송아
지를 잡았나이다 하니
28 그가 노하여 들어가고자 하지 아니하
거늘 아버지가 나와서 권한대
29 아버지께 대답하여 이르되 내가 여러
해 아버지를 섬겨 명을 어김이 없거
늘 내게는 염소 새끼라도 주어 나와
내 벗으로 즐기게 하신 일이 없더니
30 아버지의 살림을 창녀들과 함께 삼켜
버린 이 아들이 돌아오매 이를 위하
여 살진 송아지를 잡으셨나이다
31 아버지가 이르되 얘 너는 항상 나와
함께 있으니 내 것이 다 네 것이로되
32 이 네 동생은 죽었다가 살아났으며 내
가 잃었다가 얻었기로 우리가 즐거워
하고 기뻐하는 것이 마땅하다 하니라

27】

28】

29】

30】

31】

32】

옳지 않은 청지기 비유

16
1 또한 제자들에게 이르시되 어떤 부
자에게 청지기가 있는데 그가 주인
의 소유를 낭비한다는 말이 그 주인
에게 들린지라
2 주인이 그를 불러 이르되 내가 네게
대하여 들은 이 말이 어찌 됨이냐 네
가 보던 일을 셈하라 청지기 직무를

1】

2】

계속하지 못하리라 하니
3 청지기가 속으로 이르되 주인이 내 직
분을 빼앗으니 내가 무엇을 할까 땅을
파자니 힘이 없고 빌어 먹자니 부끄럽
구나
4 내가 할 일을 알았도다 이렇게 하면
직분을 빼앗긴 후에 사람들이 나를
자기 집으로 영접하리라 하고
5 주인에게 빚진 자를 일일이 불러다가
먼저 온 자에게 이르되 네가 내 주인
에게 얼마나 빚졌느냐
6 말하되 기름 백 말이니이다 이르되
여기 네 증서를 가지고 빨리 앉아 오
십이라 쓰라 하고
7 또 다른 이에게 이르되 너는 얼마나
빚졌느냐 이르되 밀 백 석이니이다
이르되 여기 네 증서를 가지고 팔십
이라 쓰라 하였는지라
8 주인이 이 옳지 않은 청지기가 일을 지
혜 있게 하였으므로 칭찬하였으니 이
세대의 아들들이 자기 시대에 있어서는
빛의 아들들보다 더 지혜로움이니라
9 내가 너희에게 말하노니 불의의 재물
로 친구를 사귀라 그리하면 그 재물
이 없어질 때에 그들이 너희를 영주
할 처소로 영접하리라
10 지극히 작은 것에 충성된 자는 큰 것

3】

4】

5】

6】

7】

8】

9】

10】

에도 충성되고 지극히 작은 것에 불
의한 자는 큰 것에도 불의하니라
11 너희가 만일 불의한 재물에도 충성하
지 아니하면 누가 참된 것으로 너희
에게 맡기겠느냐
12 너희가 만일 남의 것에 충성하지 아니
하면 누가 너희의 것을 너희에게 주겠
느냐
13 집 하인이 두 주인을 섬길 수 없나니
혹 이를 미워하고 저를 사랑하거나
혹 이를 중히 여기고 저를 경히 여길
것임이니라 너희는 하나님과 재물을
겸하여 섬길 수 없느니라

율법과 하나님 나라의 복음

14 ○ 바리새인들은 돈을 좋아하는 자들
이라 이 모든 것을 듣고 비웃거늘
15 예수께서 이르시되 너희는 사람 앞에
서 스스로 옳다 하는 자들이나 너희
마음을 하나님께서 아시나니 사람 중
에 높임을 받는 그것은 하나님 앞에
미움을 받는 것이니라
16 율법과 선지자는 요한의 때까지요 그
후부터는 하나님 나라의 복음이 전파
되어 사람마다 그리로 침입하느니라
17 그러나 율법의 한 획이 떨어짐보다
천지가 없어짐이 쉬우리라
18 무릇 자기 아내를 버리고 다른 데 장

11】
12】
13】
14】
15】
16】
17】
18】

가 드는 자도 간음함이요 무릇 버림
당한 여자에게 장가드는 자도 간음함
이니라

부자와 거지

19 ○ 한 부자가 있어 자색 옷과 고운 베
옷을 입고 날마다 호화롭게 즐기더라
20 그런데 나사로라 이름하는 한 거지가 헌
데 투성이로 그의 대문 앞에 버려진 채
21 그 부자의 상에서 떨어지는 것으로
배불리려 하매 심지어 개들이 와서
그 헌데를 핥더라
22 이에 그 거지가 죽어 천사들에게 받
들려 아브라함의 품에 들어가고 부자
도 죽어 장사되매
23 그가 음부에서 고통중에 눈을 들어
멀리 아브라함과 그의 품에 있는 나
사로를 보고
24 불러 이르되 아버지 아브라함이여 나
를 긍휼히 여기사 나사로를 보내어
그 손가락 끝에 물을 찍어 내 혀를 서
늘하게 하소서 내가 이 불꽃 가운데
서 괴로워하나이다
25 아브라함이 이르되 얘 너는 살았을
때에 좋은 것을 받았고 나사로는 고
난을 받았으니 이것을 기억하라 이제
그는 여기서 위로를 받고 너는 괴로
움을 받느니라

19】

20】

21】

22】

23】

24】

25】

26 그뿐 아니라 너희와 우리 사이에 큰
구렁텅이가 놓여 있어 여기서 너희에
게 건너가고자 하되 갈 수 없고 거기
서 우리에게 건너올 수도 없게 하였
느니라
27 이르되 그러면 아버지여 구하노니 나
사로를 내 아버지의 집에 보내소서
28 내 형제 다섯이 있으니 그들에게 증
언하게 하여 그들로 이 고통 받는 곳
에 오지 않게 하소서
29 아브라함이 이르되 그들에게 모세와 선
지자들이 있으니 그들에게 들을지니라
30 이르되 그렇지 아니하니이다 아버지 아
브라함이여 만일 죽은 자에게서 그들에
게 가는 자가 있으면 회개하리이다
31 이르되 모세와 선지자들에게 듣지 아
니하면 비록 죽은 자 가운데서 살아
나는 자가 있을지라도 권함을 받지
아니하리라 하였다 하시니라

26】

27】

28】

29】

30】

31】

용서, 믿음, 종이 할 일(마 18:6-7; 21:22; 막 9:42)

17 1 예수께서 제자들에게 이르시되 실
족하게 하는 것이 없을 수는 없으
나 그렇게 하게 하는 자에게는 화로다
2 그가 이 작은 자 중의 하나를 실족하
게 할진대 차라리 연자맷돌이 그 목에
매여 바다에 던져지는 것이 나으리라

1】

2】

3 너희는 스스로 조심하라 만일 네 형
제가 죄를 범하거든 경고하고 회개하
거든 용서하라
4 만일 하루에 일곱 번이라도 네게 죄를
짓고 일곱 번 네게 돌아와 내가 회개하
노라 하거든 너는 용서하라 하시더라
5 ○ 사도들이 주께 여짜오되 우리에게
믿음을 더하소서 하니
6 주께서 이르시되 너희에게 겨자씨 한
알만한 믿음이 있었더라면 이 뽕나무
더러 뿌리가 뽑혀 바다에 심기어라
하였을 것이요 그것이 너희에게 순종
하였으리라
7 너희 중 누구에게 밭을 갈거나 양을
치거나 하는 종이 있어 밭에서 돌아
오면 그더러 곧 와 앉아서 먹으라 말
할 자가 있느냐
8 도리어 그더러 내 먹을 것을 준비하
고 띠를 띠고 내가 먹고 마시는 동안
에 수종들고 너는 그 후에 먹고 마시
라 하지 않겠느냐
9 명한 대로 하였다고 종에게 감사하겠
느냐
10 이와 같이 너희도 명령 받은 것을 다
행한 후에 이르기를 우리는 무익한
종이라 우리가 하여야 할 일을 한 것
뿐이라 할지니라

3】

4】

5】

6】

7】

8】

9】

10】

나병환자 열 명이 깨끗함을 받다

11 ○ 예수께서 예루살렘으로 가실 때에 사
마리아와 갈릴리 사이로 지나가시다가
12 한 마을에 들어가시니 나병환자 열
명이 예수를 만나 멀리 서서
13 소리를 높여 이르되 예수 선생님이여
우리를 불쌍히 여기소서 하거늘
14 보시고 이르시되 가서 제사장들에게
너희 몸을 보이라 하셨더니 그들이
가다가 깨끗함을 받은지라
15 그 중의 한 사람이 자기가 나은 것을
보고 큰 소리로 하나님께 영광을 돌
리며 돌아와
16 예수의 발 아래에 엎드리어 감사하니
그는 사마리아 사람이라
17 예수께서 대답하여 이르시되 열 사
람이 다 깨끗함을 받지 아니하였느냐
그 아홉은 어디 있느냐
18 이 이방인 외에는 하나님께 영광을
돌리러 돌아온 자가 없느냐 하시고
19 그에게 이르시되 일어나 가라 네 믿
음이 너를 구원하였느니라 하시더라

하나님의 나라는 너희 안에 있다
(마 24:23-28, 37-41)

20 ○ 바리새인들이 하나님의 나라가 어
느 때에 임하나이까 묻거늘 예수께서
대답하여 이르시되 하나님의 나라는
볼 수 있게 임하는 것이 아니요

11】

12】

13】

14】

15】

16】

17】

18】

19】

20】

21 또 여기 있다 저기 있다고도 못하리니
하나님의 나라는 너희 안에 있느니라
22 ○ 또 제자들에게 이르시되 때가 이
르리니 너희가 인자의 날 하루를 보
고자 하되 보지 못하리라
23 사람이 너희에게 말하되 보라 저기
있다 보라 여기 있다 하리라 그러나
너희는 가지도 말고 따르지도 말라
24 번개가 하늘 아래 이쪽에서 번쩍이어
하늘 아래 저쪽까지 비침같이 인자도
자기 날에 그러하리라
25 그러나 그가 먼저 많은 고난을 받으며
이 세대에게 버린 바 되어야 할지니라
26 노아의 때에 된 것과 같이 인자의 때
에도 그러하리라
27 노아가 방주에 들어가던 날까지 사람
들이 먹고 마시고 장가 들고 시집 가
더니 홍수가 나서 그들을 다 멸망시
켰으며
28 또 롯의 때와 같으리니 사람들이 먹고
마시고 사고 팔고 심고 집을 짓더니
29 롯이 소돔에서 나가던 날에 하늘로부
터 불과 유황이 비오듯 하여 그들을
멸망시켰느니라
30 인자가 나타나는 날에도 이러하리라
그 날에 만일 사람이 지붕 위에 있고
31 그의 세간이 그 집 안에 있으면 그것

21】

22】

23】

24】

25】

26】

27】

28】

29】

30】

31】

을 가지러 내려가지 말 것이요 밭에
있는 자도 그와 같이 뒤로 돌이키지
말 것이니라
32 롯의 처를 기억하라
33 무릇 자기 목숨을 보전하고자 하는 자
는 잃을 것이요 잃는 자는 살리리라
34 내가 너희에게 이르노니 그 밤에 둘이
한 자리에 누워 있으매 하나는 데려감
을 얻고 하나는 버려둠을 당할 것이요
35 두 여자가 함께 맷돌을 갈고 있으매
하나는 데려감을 얻고 하나는 버려둠
을 당할 것이니라
36 (없음)
37 그들이 대답하여 이르되 주여 어디
오니이까 이르시되 주검 있는 곳에는
독수리가 모이느니라 하시니라

32】
33】
34】
35】
36】 (없음)
37】

과부와 재판장의 비유

18

1 예수께서 그들에게 항상 기도하고
낙심하지 말아야 할 것을 비유로
말씀하여
2 이르시되 어떤 도시에 하나님을 두려
워하지 않고 사람을 무시하는 한 재
판장이 있는데
3 그 도시에 한 과부가 있어 자주 그에
게 가서 내 원수에 대한 나의 원한을
풀어 주소서 하되

1】
2】
3】

4 그가 얼마 동안 듣지 아니하다가 후
에 속으로 생각하되 내가 하나님을
두려워하지 않고 사람을 무시하나
5 이 과부가 나를 번거롭게 하니 내가 그
원한을 풀어 주리라 그렇지 않으면 늘
와서 나를 괴롭게 하리라 하였느니라
6 주께서 또 이르시되 불의한 재판장이
말한 것을 들으라
7 하물며 하나님께서 그 밤낮 부르짖는
택하신 자들의 원한을 풀어 주지 아
니하시겠느냐 그들에게 오래 참으시
겠느냐
8 내가 너희에게 이르노니 속히 그 원
한을 풀어 주시리라 그러나 인자가
올 때에 세상에서 믿음을 보겠느냐
하시니라

바리새인과 세리 비유

9 ○ 또 자기를 의롭다고 믿고 다른 사
람을 멸시하는 자들에게 이 비유로
말씀하시되
10 두 사람이 기도하러 성전에 올라가니
하나는 바리새인이요 하나는 세리라
11 바리새인은 서서 따로 기도하여 이르
되 하나님이여 나는 다른 사람들 곧
토색, 불의, 간음을 하는 자들과 같지
아니하고 이 세리와도 같지 아니함을
감사하나이다

4】

5】

6】

7】

8】

9】

10】

11】

12 나는 이레에 두 번씩 금식하고 또 소
득의 십일조를 드리나이다 하고
13 세리는 멀리 서서 감히 눈을 들어 하늘
을 쳐다보지도 못하고 다만 가슴을 치
며 이르되 하나님이여 불쌍히 여기소
서 나는 죄인이로소이다 하였느니라
14 내가 너희에게 이르노니 이에 저 바리
새인이 아니고 이 사람이 의롭다 하심
을 받고 그의 집으로 내려갔느니라 무
릇 자기를 높이는 자는 낮아지고 자기
를 낮추는 자는 높아지리라 하시니라

어린 아이들을 금하지 말라
(마 19:13-15; 막 10:13-16)

15 ○ 사람들이 예수께서 만져 주심을
바라고 자기 어린 아기를 데리고 오
매 제자들이 보고 꾸짖거늘
16 예수께서 그 어린 아이들을 불러 가까
이 하시고 이르시되 어린 아이들이 내
게 오는 것을 용납하고 금하지 말라
하나님의 나라가 이런 자의 것이니라
17 내가 진실로 너희에게 이르노니 누
구든지 하나님의 나라를 어린 아이와
같이 받아들이지 않는 자는 결단코
거기 들어가지 못하리라 하시니라

부자 관리(마 19:16-30; 막 10:17-31)

18 ○ 어떤 관리가 물어 이르되 선한 선
생님이여 내가 무엇을 하여야 영생을
얻으리이까

12】

13】

14】

15】

16】

17】

18】

19 예수께서 이르시되 네가 어찌하여 나
를 선하다 일컫느냐 하나님 한 분 외
에는 선한 이가 없느니라
20 네가 계명을 아나니 간음하지 말라,
살인하지 말라, 도둑질하지 말라, 거
짓 증언 하지 말라, 네 부모를 공경하
라 하였느니라
21 여짜오되 이것은 내가 어려서부터 다
지키었나이다
22 예수께서 이 말을 들으시고 이르시되
네게 아직도 한 가지 부족한 것이 있
으니 네게 있는 것을 다 팔아 가난한
자들에게 나눠 주라 그리하면 하늘에
서 네게 보화가 있으리라 그리고 와
서 나를 따르라 하시니
23 그 사람이 큰 부자이므로 이 말씀을
듣고 심히 근심하더라
24 예수께서 그를 보시고 이르시되 재물
이 있는 자는 하나님의 나라에 들어
가기가 얼마나 어려운지
25 낙타가 바늘귀로 들어가는 것이 부자
가 하나님의 나라에 들어가는 것보다
쉬우니라 하시니
26 듣는 자들이 이르되 그런즉 누가 구
원을 얻을 수 있나이까
27 이르시되 무릇 사람이 할 수 없는 것
을 하나님은 하실 수 있느니라

19】

20】

21】

22】

23】

24】

25】

26】

27】

28 베드로가 여짜오되 보옵소서 우리가 우
리의 것을 다 버리고 주를 따랐나이다
29 이르시되 내가 진실로 너희에게 이
르노니 하나님의 나라를 위하여 집이
나 아내나 형제나 부모나 자녀를 버
린 자는
30 현세에 여러 배를 받고 내세에 영생을
받지 못할 자가 없느니라 하시니라

죽음과 부활을 다시 이르시다
(마 20:17-19; 막 10:32-34)

31 ○ 예수께서 열두 제자를 데리시고
이르시되 보라 우리가 예루살렘으로
올라가노니 선지자들을 통하여 기록
된 모든 것이 인자에게 응하리라
32 인자가 이방인들에게 넘겨져 희롱을
당하고 능욕을 당하고 침 뱉음을 당
하겠으며
33 그들은 채찍질하고 그를 죽일 것이나
그는 삼 일 만에 살아나리라 하시되
34 제자들이 이것을 하나도 깨닫지 못하
였으니 그 말씀이 감취었으므로 그들
이 그 이르신 바를 알지 못하였더라

맹인을 고치시다(마 20:29-34; 막 10:46-52)

35 ○ 여리고에 가까이 가셨을 때에 한
맹인이 길 가에 앉아 구걸하다가
36 무리가 지나감을 듣고 이 무슨 일이
냐고 물은대
37 그들이 나사렛 예수께서 지나가신다

28】
29】
30】
31】
32】
33】
34】
35】
36】
37】

하니
38 맹인이 외쳐 이르되 다윗의 자손 예
수여 나를 불쌍히 여기소서 하거늘
39 앞서 가는 자들이 그를 꾸짖어 잠잠
하라 하되 그가 더욱 크게 소리 질러
다윗의 자손이여 나를 불쌍히 여기소
서 하는지라
40 예수께서 머물러 서서 명하여 데려오
라 하셨더니 그가 가까이 오매 물어
이르시되
41 네게 무엇을 하여 주기를 원하느냐
이르되 주여 보기를 원하나이다
42 예수께서 그에게 이르시되 보라 네
믿음이 너를 구원하였느니라 하시매
43 곧 보게 되어 하나님께 영광을 돌리
며 예수를 따르니 백성이 다 이를 보
고 하나님을 찬양하니라

38】

39】

40】

41】

42】

43】

예수와 삭개오

19 1 예수께서 여리고로 들어가 지나
가시더라
2 삭개오라 이름하는 자가 있으니 세리
장이요 또한 부자라
3 그가 예수께서 어떠한 사람인가 하여
보고자 하되 키가 작고 사람이 많아
할 수 없어
4 앞으로 달려가서 보기 위하여 돌무화

1】

2】

3】

4】

과나무에 올라가니 이는 예수께서 그
리로 지나가시게 됨이러라
5 예수께서 그 곳에 이르사 쳐다 보시고
이르시되 삭개오야 속히 내려오라 내가
오늘 네 집에 유하여야 하겠다 하시니
6 급히 내려와 즐거워하며 영접하거늘
7 뭇 사람이 보고 수군거려 이르되 저
가 죄인의 집에 유하러 들어갔도다
하더라
8 삭개오가 서서 주께 여짜오되 주여
보시옵소서 내 소유의 절반을 가난한
자들에게 주겠사오며 만일 누구의 것
을 속여 빼앗은 일이 있으면 네 갑절
이나 갚겠나이다
9 예수께서 이르시되 오늘 구원이 이
집에 이르렀으니 이 사람도 아브라함
의 자손임이로다
10 인자가 온 것은 잃어버린 자를 찾아
구원하려 함이니라

은 열 므나 비유(마 25:14-30)

11 ○ 그들이 이 말씀을 듣고 있을 때에
비유를 더하여 말씀하시니 이는 자기
가 예루살렘에 가까이 오셨고 그들은
하나님의 나라가 당장에 나타날 줄로
생각함이더라
12 이르시되 어떤 귀인이 왕위를 받아가
지고 오려고 먼 나라로 갈 때에

5】
6】
7】
8】
9】
10】
11】
12】

13 그 종 열을 불러 은화 열 므나를 주
며 이르되 내가 돌아올 때까지 장사
하라 하니라
14 그런데 그 백성이 그를 미워하여 사
자를 뒤로 보내어 이르되 우리는 이
사람이 우리의 왕 됨을 원하지 아니
하나이다 하였더라
15 귀인이 왕위를 받아가지고 돌아와서
은화를 준 종들이 각각 어떻게 장사하
였는지를 알고자 하여 그들을 부르니
16 그 첫째가 나아와 이르되 주인이여 당
신의 한 므나로 열 므나를 남겼나이다
17 주인이 이르되 잘하였다 착한 종이여
네가 지극히 작은 것에 충성하였으니
열 고을 권세를 차지하라 하고
18 그 둘째가 와서 이르되 주인이여 당신의
한 므나로 다섯 므나를 만들었나이다
19 주인이 그에게도 이르되 너도 다섯
고을을 차지하라 하고
20 또 한 사람이 와서 이르되 주인이여
보소서 당신의 한 므나가 여기 있나
이다 내가 수건으로 싸 두었었나이다
21 이는 당신이 엄한 사람인 것을 내가
무서워함이라 당신은 두지 않은 것을
취하고 심지 않은 것을 거두나이다
22 주인이 이르되 악한 종아 내가 네 말
로 너를 심판하노니 너는 내가 두지

13】

14】

15】

16】

17】

18】

19】

20】

21】

22】

않은 것을 취하고 심지 않은 것을 거
두는 엄한 사람인 줄로 알았느냐
23 그러면 어찌하여 내 돈을 은행에 맡
기지 아니하였느냐 그리하였으면 내
가 와서 그 이자와 함께 그 돈을 찾았
으리라 하고
24 곁에 섰는 자들에게 이르되 그 한 므
나를 빼앗아 열 므나 있는 자에게 주
라 하니
25 그들이 이르되 주여 그에게 이미 열
므나가 있나이다
26 주인이 이르되 내가 너희에게 말하노
니 무릇 있는 자는 받겠고 없는 자는
그 있는 것도 빼앗기리라
27 그리고 내가 왕 됨을 원하지 아니하
던 저 원수들을 이리로 끌어다가 내
앞에서 죽이라 하였느니라

예루살렘을 향하여 가시다
(마 21:1-11; 막 11:1-11; 요 12:12-19)

28 ○ 예수께서 이 말씀을 하시고 예루
살렘을 향하여 앞서서 가시더라
29 감람원이라 불리는 산쪽에 있는 벳
바게와 베다니에 가까이 가셨을 때에
제자 중 둘을 보내시며
30 이르시되 너희는 맞은편 마을로 가라
그리로 들어가면 아직 아무도 타 보
지 않은 나귀 새끼가 매여 있는 것을
보리니 풀어 끌고 오라

23】

24】

25】

26】

27】

28】

29】

30】

31 만일 누가 너희에게 어찌하여 푸느냐
묻거든 말하기를 주가 쓰시겠다 하라
하시매
32 보내심을 받은 자들이 가서 그 말씀
하신 대로 만난지라
33 나귀 새끼를 풀 때에 그 임자들이 이
르되 어찌하여 나귀 새끼를 푸느냐
34 대답하되 주께서 쓰시겠다 하고
35 그것을 예수께로 끌고 와서 자기들의
겉옷을 나귀 새끼 위에 걸쳐 놓고 예
수를 태우니
36 가실 때에 그들이 자기의 겉옷을 길
에 펴더라
37 이미 감람 산 내리막길에 가까이 오
시매 제자의 온 무리가 자기들이 본
바 모든 능한 일로 인하여 기뻐하며
큰 소리로 하나님을 찬양하여
38 이르되 찬송하리로다 주의 이름으로
오시는 왕이여 하늘에는 평화요 가장
높은 곳에는 영광이로다 하니
39 무리 중 어떤 바리새인들이 말하되
선생이여 당신의 제자들을 책망하소
서 하거늘
40 대답하여 이르시되 내가 너희에게 말
하노니 만일 이 사람들이 침묵하면
돌들이 소리 지르리라 하시니라
41 ○ 가까이 오사 성을 보시고 우시며

31】
32】
33】
34】
35】
36】
37】
38】
39】
40】
41】

42 이르시되 너도 오늘 평화에 관한 일
을 알았더라면 좋을 뻔하였거니와 지
금 네 눈에 숨겨졌도다
43 날이 이를지라 네 원수들이 토둔을
쌓고 너를 둘러 사면으로 가두고
44 또 너와 및 그 가운데 있는 네 자식들을
땅에 메어치며 돌 하나도 돌 위에 남기
지 아니하리니 이는 네가 보살핌 받는
날을 알지 못함을 인함이니라 하시니라

성전에 들어가신 예수
(마 21:12-17; 막 11:15-19; 요 2:13-22)

45 ○ 성전에 들어가사 장사하는 자들을
내쫓으시며
46 그들에게 이르시되 기록된 바 내 집은
기도하는 집이 되리라 하였거늘 너희는
강도의 소굴을 만들었도다 하시니라
47 ○ 예수께서 날마다 성전에서 가르치
시니 대제사장들과 서기관들과 백성
의 지도자들이 그를 죽이려고 꾀하되
48 백성이 다 그에게 귀를 기울여 들으므
로 어찌할 방도를 찾지 못하였더라

42】
43】
44】
45】
46】
47】
48】

예수의 권위를 두고 말하다
(마 21:23-27; 막 11:27-33)

20 1 하루는 예수께서 성전에서 백성을
가르치시며 복음을 전하실새 대제
사장들과 서기관들이 장로들과 함께
가까이 와서
2 말하여 이르되 당신이 무슨 권위로

1】
2】

이런 일을 하는지 이 권위를 준 이가
누구인지 우리에게 말하라
3 대답하여 이르시되 나도 한 말을 너
희에게 물으리니 내게 말하라
4 요한의 세례가 하늘로부터냐 사람으
로부터냐
5 그들이 서로 의논하여 이르되 만일
하늘로부터라 하면 어찌하여 그를 믿
지 아니하였느냐 할 것이요
6 만일 사람으로부터라 하면 백성이 요
한을 선지자로 인정하니 그들이 다
우리를 돌로 칠 것이라 하고
7 대답하되 어디로부터인지 알지 못하
노라 하니
8 예수께서 이르시되 나도 무슨 권위로
이런 일을 하는지 너희에게 이르지
아니하리라 하시니라

포도원 농부 비유(마 21:33-46; 막 12:1-12)

9 ○ 그가 또 이 비유로 백성에게 말씀
하시기 시작하시니라 한 사람이 포도
원을 만들어 농부들에게 세로 주고
타국에 가서 오래 있다가
10 때가 이르매 포도원 소출 얼마를 바치
게 하려고 한 종을 농부들에게 보내니
농부들이 종을 몹시 때리고 거저 보내
었거늘
11 다시 다른 종을 보내니 그도 몹시 때

3】

4】

5】

6】

7】

8】

9】

10】

11】

리고 능욕하고 거저 보내었거늘
12 다시 세 번째 종을 보내니 이 종도 상
하게 하고 내쫓은지라
13 포도원 주인이 이르되 어찌할까 내
사랑하는 아들을 보내리니 그들이 혹
그는 존대하리라 하였더니
14 농부들이 그를 보고 서로 의논하여
이르되 이는 상속자니 죽이고 그 유
산을 우리의 것으로 만들자 하고
15 포도원 밖에 내쫓아 죽였느니라 그런
즉 포도원 주인이 이 사람들을 어떻
게 하겠느냐
16 와서 그 농부들을 진멸하고 포도원을
다른 사람들에게 주리라 하시니 사람
들이 듣고 이르되 그렇게 되지 말아
지이다 하거늘
17 그들을 보시며 이르시되 그러면 기록
된 바 건축자들의 버린 돌이 모퉁이의
머릿돌이 되었느니라 함이 어찜이냐
18 무릇 이 돌 위에 떨어지는 자는 깨어지
겠고 이 돌이 사람 위에 떨어지면 그를
가루로 만들어 흩으리라 하시니라

가이사에게 세를 바치는 것
(마 22:15-22; 막 12:13-17)

19 ○ 서기관들과 대제사장들이 예수의
이 비유는 자기들을 가리켜 말씀하심
인 줄 알고 즉시 잡고자 하되 백성을
두려워하더라

12】

13】

14】

15】

16】

17】

18】

19】

20 이에 그들이 엿보다가 예수를 총독의
다스림과 권세 아래에 넘기려 하여
정탐들을 보내어 그들로 스스로 의인
인 체하며 예수의 말을 책잡게 하니
21 그들이 물어 이르되 선생님이여 우
리가 아노니 당신은 바로 말씀하시고
가르치시며 사람을 외모로 취하지 아
니하시고 오직 진리로써 하나님의 도
를 가르치시나이다
22 우리가 가이사에게 세를 바치는 것이
옳으니이까 옳지 않으니이까 하니
23 예수께서 그 간계를 아시고 이르시되
24 데나리온 하나를 내게 보이라 누구의
형상과 글이 여기 있느냐 대답하되
가이사의 것이니이다
25 이르시되 그런즉 가이사의 것은 가이
사에게, 하나님의 것은 하나님께 바치
라 하시니
26 그들이 백성 앞에서 그의 말을 능히
책잡지 못하고 그의 대답을 놀랍게 여
겨 침묵하니라

부활 논쟁(마 22:23-33; 막 12:18-27)

27 ○ 부활이 없다고 주장하는 사두개인
중 어떤 이들이 와서
28 물어 이르되 선생님이여 모세가 우리
에게 써 주기를 만일 어떤 사람의 형이
아내를 두고 자식이 없이 죽으면 그 동

20】

21】

22】

23】

24】

25】

26】

27】

28】

생이 그 아내를 취하여 형을 위하여 상
속자를 세울지니라 하였나이다
29 그런데 칠 형제가 있었는데 맏이가 아
내를 취하였다가 자식이 없이 죽고
30 그 둘째와 셋째가 그를 취하고
31 일곱이 다 그와 같이 자식이 없이 죽고
32 그 후에 여자도 죽었나이다
33 일곱이 다 그를 아내로 취하였으니 부활
때에 그 중에 누구의 아내가 되리이까
34 예수께서 이르시되 이 세상의 자녀들
은 장가도 가고 시집도 가되
35 저 세상과 및 죽은 자 가운데서 부활
함을 얻기에 합당히 여김을 받은 자들
은 장가 가고 시집 가는 일이 없으며
36 그들은 다시 죽을 수도 없나니 이는
천사와 동등이요 부활의 자녀로서 하
나님의 자녀임이라
37 죽은 자가 살아난다는 것은 모세도 가
시나무 떨기에 관한 글에서 주를 아브
라함의 하나님이요 이삭의 하나님이
요 야곱의 하나님이시라 칭하였나니
38 하나님은 죽은 자의 하나님이 아니요
살아 있는 자의 하나님이시라 하나님에
게는 모든 사람이 살았느니라 하시니
39 서기관 중 어떤 이들이 말하되 선생
님 잘 말씀하셨나이다 하니
40 그들은 아무 것도 감히 더 물을 수 없

29】

30】

31】

32】

33】

34】

35】

36】

37】

38】

39】

40】

음이더라

그리스도와 다윗의 자손
(마 22:41-46; 막 12:35-37)

41 ○ 예수께서 그들에게 이르시되 사람
들이 어찌하여 그리스도를 다윗의 자
손이라 하느냐
42 시편에 다윗이 친히 말하였으되 주께
서 내 주께 이르시되
43 내가 네 원수를 네 발등상으로 삼을
때까지 내 우편에 앉았으라 하셨도다
하였느니라
44 그런즉 다윗이 그리스도를 주라 칭
하였으니 어찌 그의 자손이 되겠느냐
하시니라

서기관들을 삼가라
(마 23:1-36; 막 12:38-40; 눅 11:37-54)

45 ○ 모든 백성이 들을 때에 예수께서
그 제자들에게 이르시되
46 긴 옷을 입고 다니는 것을 원하며 시
장에서 문안 받는 것과 회당의 높은
자리와 잔치의 윗자리를 좋아하는 서
기관들을 삼가라
47 그들은 과부의 가산을 삼키며 외식으
로 길게 기도하니 그들이 더 엄중한
심판을 받으리라 하시니라

41】

42】

43】

44】

45】

46】

47】

가난한 과부의 헌금(막 12:41-44)

21

1 예수께서 눈을 들어 부자들이 헌
금함에 헌금 넣는 것을 보시고

1】

2 또 어떤 가난한 과부가 두 렙돈 넣는
것을 보시고
3 이르시되 내가 참으로 너희에게 말하
노니 이 가난한 과부가 다른 모든 사
람보다 많이 넣었도다
4 저들은 그 풍족한 중에서 헌금을 넣
었거니와 이 과부는 그 가난한 중에
서 자기가 가지고 있는 생활비 전부
를 넣었느니라 하시니라

성전이 무너뜨려질 것을 이르시다
(마 24:1-2; 막 13:1-2)

5 ○ 어떤 사람들이 성전을 가리켜 그
아름다운 돌과 헌물로 꾸민 것을 말
하매 예수께서 이르시되
6 너희 보는 이것들이 날이 이르면 돌
하나도 돌 위에 남지 않고 다 무너뜨
려지리라
7 그들이 물어 이르되 선생님이여 그러
면 어느 때에 이런 일이 있겠사오며
이런 일이 일어나려 할 때에 무슨 징
조가 있사오리이까
8 이르시되 미혹을 받지 않도록 주의하
라 많은 사람이 내 이름으로 와서 이
르되 내가 그라 하며 때가 가까이 왔
다 하겠으나 그들을 따르지 말라
9 난리와 소요의 소문을 들을 때에 두
려워하지 말라 이 일이 먼저 있어야
하되 끝은 곧 되지 아니하리라

2】

3】

4】

5】

6】

7】

8】

9】

환난의 징조(마 24:3-14; 막 13:3-13)

10 ○ 또 이르시되 민족이 민족을, 나라
가 나라를 대적하여 일어나겠고
11 곳곳에 큰 지진과 기근과 전염병이
있겠고 또 무서운 일과 하늘로부터
큰 징조들이 있으리라
12 이 모든 일 전에 내 이름으로 말미암
아 너희에게 손을 대어 박해하며 회
당과 옥에 넘겨 주며 임금들과 집권
자들 앞에 끌어 가려니와
13 이 일이 도리어 너희에게 증거가 되리라
14 그러므로 너희는 변명할 것을 미리
궁리하지 않도록 명심하라
15 내가 너희의 모든 대적이 능히 대항
하거나 변박할 수 없는 구변과 지혜
를 너희에게 주리라
16 심지어 부모와 형제와 친척과 벗이
너희를 넘겨 주어 너희 중의 몇을 죽
이게 하겠고
17 또 너희가 내 이름으로 말미암아 모
든 사람에게 미움을 받을 것이나
18 너희 머리털 하나도 상하지 아니하리라
19 너희의 인내로 너희 영혼을 얻으리라

예루살렘의 환난과 인자의 오심
(마 24:15-21, 29-31; 막 13:14-19, 24-27)

20 ○ 너희가 예루살렘이 군대들에게 에
워싸이는 것을 보거든 그 멸망이 가
까운 줄을 알라

10】

11】

12】

13】

14】

15】

16】

17】

18】

19】

20】

21 그 때에 유대에 있는 자들은 산으로 도
망갈 것이며 성내에 있는 자들은 나갈
것이며 촌에 있는 자들은 그리로 들어
가지 말지어다
22 이 날들은 기록된 모든 것을 이루는
징벌의 날이니라
23 그 날에는 아이 밴 자들과 젖먹이는
자들에게 화가 있으리니 이는 땅에 큰
환난과 이 백성에게 진노가 있겠음이
로다
24 그들이 칼날에 죽임을 당하며 모든 이
방에 사로잡혀 가겠고 예루살렘은 이
방인의 때가 차기까지 이방인들에게
밟히리라
25 일월 성신에는 징조가 있겠고 땅에서
는 민족들이 바다와 파도의 성난 소리
로 인하여 혼란한 중에 곤고하리라
26 사람들이 세상에 임할 일을 생각하고
무서워하므로 기절하리니 이는 하늘
의 권능들이 흔들리겠음이라
27 그 때에 사람들이 인자가 구름을 타고
능력과 큰 영광으로 오는 것을 보리라
28 이런 일이 되기를 시작하거든 일어나
머리를 들라 너희 속량이 가까웠느니
라 하시더라

무화과나무에서 배울 교훈
(마 24:32-35; 막 13:28-31)

29 ○ 이에 비유로 이르시되 무화과나무

21】

22】

23】

24】

25】

26】

27】

28】

29】

와 모든 나무를 보라
30 싹이 나면 너희가 보고 여름이 가까
운 줄을 자연히 아나니
31 이와 같이 너희가 이런 일이 일어나
는 것을 보거든 하나님의 나라가 가
까이 온 줄을 알라
32 내가 진실로 너희에게 말하노니 이
세대가 지나가기 전에 모든 일이 다
이루어지리라
33 천지는 없어지겠으나 내 말은 없어지
지 아니하리라

항상 기도하며 깨어 있으라

34 ○ 너희는 스스로 조심하라 그렇지 않
으면 방탕함과 술취함과 생활의 염려
로 마음이 둔하여지고 뜻밖에 그 날
이 덫과 같이 너희에게 임하리라
35 이 날은 온 지구상에 거하는 모든 사
람에게 임하리라
36 이러므로 너희는 장차 올 이 모든 일
을 능히 피하고 인자 앞에 서도록 항
상 기도하며 깨어 있으라 하시니라
37 ○ 예수께서 낮에는 성전에서 가르
치시고 밤에는 나가 감람원이라 하는
산에서 쉬시니
38 모든 백성이 그 말씀을 들으려고 이
른 아침에 성전에 나아가더라

30】

31】

32】

33】

34】

35】

36】

37】

38】

유다가 배반하다
(마 26:1-5, 14-16; 막 14:1-2, 10-11; 요 11:45-53)

22 1 유월절이라 하는 무교절이 다가
오매
2 대제사장들과 서기관들이 예수를 무
슨 방도로 죽일까 궁리하니 이는 그
들이 백성을 두려워함이더라
3 ○ 열둘 중의 하나인 가룟인이라 부
르는 유다에게 사탄이 들어가니
4 이에 유다가 대제사장들과 성전 경비
대장들에게 가서 예수를 넘겨 줄 방
도를 의논하매
5 그들이 기뻐하여 돈을 주기로 언약하
는지라
6 유다가 허락하고 예수를 무리가 없을
때에 넘겨 줄 기회를 찾더라

유월절을 준비하다
(마 26:17-25; 막 14:12-21; 요 13:21-30)

7 ○ 유월절 양을 잡을 무교절날이 이
른지라
8 예수께서 베드로와 요한을 보내시며
이르시되 가서 우리를 위하여 유월절
을 준비하여 우리로 먹게 하라
9 여짜오되 어디서 준비하기를 원하시
나이까
10 이르시되 보라 너희가 성내로 들어가
면 물 한 동이를 가지고 가는 사람을
만나리니 그가 들어가는 집으로 따라
들어가서

11 그 집 주인에게 이르되 선생님이 네
게 하는 말씀이 내가 내 제자들과 함
께 유월절을 먹을 객실이 어디 있느
냐 하시더라 하라
12 그리하면 그가 자리를 마련한 큰 다
락방을 보이리니 거기서 준비하라 하
시니
13 그들이 나가 그 하신 말씀대로 만나
유월절을 준비하니라

마지막 만찬
(마 26:26-30; 막 14:22-26; 고전 11:23-25)

14 ○ 때가 이르매 예수께서 사도들과
함께 앉으사
15 이르시되 내가 고난을 받기 전에 너
희와 함께 이 유월절 먹기를 원하고
원하였노라
16 내가 너희에게 이르노니 이 유월절이
하나님의 나라에서 이루기까지 다시
먹지 아니하리라 하시고
17 이에 잔을 받으사 감사 기도 하시고
이르시되 이것을 갖다가 너희끼리 나
누라
18 내가 너희에게 이르노니 내가 이제부
터 하나님의 나라가 임할 때까지 포
도나무에서 난 것을 다시 마시지 아
니하리라 하시고
19 또 떡을 가져 감사 기도 하시고 떼어
그들에게 주시며 이르시되 이것은 너

11】

12】

13】

14】

15】

16】

17】

18】

19】

년 월 일

희를 위하여 주는 내 몸이라 너희가
이를 행하여 나를 기념하라 하시고
20 저녁 먹은 후에 잔도 그와 같이 하여 이
르시되 이 잔은 내 피로 세우는 새 언약
이니 곧 너희를 위하여 붓는 것이라
21 그러나 보라 나를 파는 자의 손이 나
와 함께 상 위에 있도다
22 인자는 이미 작정된 대로 가거니와
그를 파는 그 사람에게는 화가 있으
리로다 하시니
23 그들이 서로 묻되 우리 중에서 이 일
을 행할 자가 누구일까 하더라

베드로가 부인할 것을 이르시다
(마 26:31-35; 막 14:27-31; 요 13:36-38)

24 ○ 또 그들 사이에 그 중 누가 크냐 하
는 다툼이 난지라
25 예수께서 이르시되 이방인의 임금들
은 그들을 주관하며 그 집권자들은
은인이라 칭함을 받으나
26 너희는 그렇지 않을지니 너희 중에
큰 자는 젊은 자와 같고 다스리는 자
는 섬기는 자와 같을지니라
27 앉아서 먹는 자가 크냐 섬기는 자가
크냐 앉아서 먹는 자가 아니냐 그러나
나는 섬기는 자로 너희 중에 있노라
28 너희는 나의 모든 시험 중에 항상 나
와 함께 한 자들인즉
29 내 아버지께서 나라를 내게 맡기신

20】
21】
22】
23】
24】
25】
26】
27】
28】
29】

것 같이 나도 너희에게 맡겨
30 너희로 내 나라에 있어 내 상에서 먹
고 마시며 또는 보좌에 앉아 이스라엘
열두 지파를 다스리게 하려 하노라
31 시몬아, 시몬아, 보라 사탄이 너희를
밀 까부르듯 하려고 요구하였으나
32 그러나 내가 너를 위하여 네 믿음이
떨어지지 않기를 기도하였노니 너는
돌이킨 후에 네 형제를 굳게 하라
33 그가 말하되 주여 내가 주와 함께 옥
에도, 죽는 데에도 가기를 각오하였
나이다
34 이르시되 베드로야 내가 네게 말하노
니 오늘 닭 울기 전에 네가 세 번 나를
모른다고 부인하리라 하시니라

전대와 배낭과 검

35 ○ 그들에게 이르시되 내가 너희를
전대와 배낭과 신발도 없이 보내었을
때에 부족한 것이 있더냐 이르되 없
었나이다
36 이르시되 이제는 전대 있는 자는 가
질 것이요 배낭도 그리하고 검 없는
자는 겉옷을 팔아 살지어다
37 내가 너희에게 말하노니 기록된 바
그는 불법자의 동류로 여김을 받았다
한 말이 내게 이루어져야 하리니 내
게 관한 일이 이루어져 감이니라

30】

31】

32】

33】

34】

35】

36】

37】

38 그들이 여짜오되 주여 보소서 여기
검 둘이 있나이다 대답하시되 족하다
하시니라

감람 산에서 기도하시다
(마 26:36-46; 막 14:32-42)

39 ○ 예수께서 나가사 습관을 따라 감람
산에 가시매 제자들도 따라갔더니
40 그 곳에 이르러 그들에게 이르시되 유
혹에 빠지지 않게 기도하라 하시고
41 그들을 떠나 돌 던질 만큼 가서 무릎
을 꿇고 기도하여
42 이르시되 아버지여 만일 아버지의 뜻
이거든 이 잔을 내게서 옮기시옵소서
그러나 내 원대로 마시옵고 아버지의
원대로 되기를 원하나이다 하시니
43 천사가 하늘로부터 예수께 나타나 힘
을 더하더라
44 예수께서 힘쓰고 애써 더욱 간절히
기도하시니 땀이 땅에 떨어지는 핏방
울 같이 되더라
45 기도 후에 일어나 제자들에게 가서
슬픔으로 인하여 잠든 것을 보시고
46 이르시되 어찌하여 자느냐 시험에 들
지 않게 일어나 기도하라 하시니라

잡히시다
(마 26:47-56; 막 14:43-50; 요 18:3-11)

47 ○ 말씀하실 때에 한 무리가 오는데
열둘 중의 하나인 유다라 하는 자가
그들을 앞장서 와서

38】

39】

40】

41】

42】

43】

44】

45】

46】

47】

48 예수께 입을 맞추려고 가까이 하는 48】
지라 예수께서 이르시되 유다야 네가
입맞춤으로 인자를 파느냐 하시니
49 그의 주위 사람들이 그 된 일을 보고 여 49】
짜오되 주여 우리가 칼로 치리이까 하고
50 그 중의 한 사람이 대제사장의 종을 50】
쳐 그 오른쪽 귀를 떨어뜨린지라
51 예수께서 일러 이르시되 이것까지 참으 51】
라 하시고 그 귀를 만져 낫게 하시더라
52 예수께서 그 잡으러 온 대제사장들과 52】
성전의 경비대장들과 장로들에게 이
르시되 너희가 강도를 잡는 것 같이
검과 몽치를 가지고 나왔느냐
53 내가 날마다 너희와 함께 성전에 있 53】
을 때에 내게 손을 대지 아니하였도
다 그러나 이제는 너희 때요 어둠의
권세로다 하시더라

베드로가 예수를 모른다고 하다
(마 26:57-58; 막 14:53-54, 66-72; 요 18:12-18, 25-27)

54 ○ 예수를 잡아 끌고 대제사장의 집으 54】
로 들어갈새 베드로가 멀찍이 따라가
니라
55 사람들이 뜰 가운데 불을 피우고 함 55】
께 앉았는지라 베드로도 그 가운데
앉았더니
56 한 여종이 베드로의 불빛을 향하여 56】
앉은 것을 보고 주목하여 이르되 이
사람도 그와 함께 있었느니라 하니

57 베드로가 부인하여 이르되 이 여자여
내가 그를 알지 못하노라 하더라
58 조금 후에 다른 사람이 보고 이르되 너
도 그 도당이라 하거늘 베드로가 이르
되 이 사람아 나는 아니로라 하더라
59 한 시간쯤 있다가 또 한 사람이 장담
하여 이르되 이는 갈릴리 사람이니
참으로 그와 함께 있었느니라
60 베드로가 이르되 이 사람아 나는 네
가 하는 말을 알지 못하노라고 아직
말하고 있을 때에 닭이 곧 울더라
61 주께서 돌이켜 베드로를 보시니 베드
로가 주의 말씀 곧 오늘 닭 울기 전에
네가 세 번 나를 부인하리라 하심이
생각나서
62 밖에 나가서 심히 통곡하니라

예수를 희롱하고 때리다(마 26:67-68; 막 14:65)

63 ○ 지키는 사람들이 예수를 희롱하고
때리며
64 그의 눈을 가리고 물어 이르되 선지자
노릇 하라 너를 친 자가 누구냐 하고
65 이 외에도 많은 말로 욕하더라

공회 앞에 서시다
(마 26:59-66; 막 14:55-64; 요 18:19-24)

66 ○ 날이 새매 백성의 장로들 곧 대제
사장들과 서기관들이 모여서 예수를
그 공회로 끌어들여
67 이르되 네가 그리스도이거든 우리에

57】
58】
59】
60】
61】
62】
63】
64】
65】
66】
67】

게 말하라 대답하시되 내가 말할지라
도 너희가 믿지 아니할 것이요
68 내가 물어도 너희가 대답하지 아니할
것이니라
69 그러나 이제부터는 인자가 하나님의
권능의 우편에 앉아 있으리라 하시니
70 다 이르되 그러면 네가 하나님의 아
들이냐 대답하시되 너희들이 내가 그
라고 말하고 있느니라
71 그들이 이르되 어찌 더 증거를 요구
하리요 우리가 친히 그 입에서 들었
노라 하더라

68】
69】
70】
71】

빌라도가 예수께 묻다
(마 27:1-2, 11-14; 막 15:1-5; 요 18:28-38)

23 1 무리가 다 일어나 예수를 빌라도
에게 끌고 가서
2 고발하여 이르되 우리가 이 사람을
보매 우리 백성을 미혹하고 가이사에
게 세금 바치는 것을 금하며 자칭 왕
그리스도라 하더이다 하니
3 빌라도가 예수께 물어 이르되 네가
유대인의 왕이냐 대답하여 이르시되
네 말이 옳도다
4 빌라도가 대제사장들과 무리에게 이
르되 내가 보니 이 사람에게 죄가 없
도다 하니
5 무리가 더욱 강하게 말하되 그가 온

1】
2】
3】
4】
5】

유대에서 가르치고 갈릴리에서부터
시작하여 여기까지 와서 백성을 소동
하게 하나이다
6 빌라도가 듣고 그가 갈릴리 사람이냐
물어
7 헤롯의 관할에 속한 줄을 알고 헤롯
에게 보내니 그 때에 헤롯이 예루살
렘에 있더라

헤롯 앞에 서시다

8 ○ 헤롯이 예수를 보고 매우 기뻐하니
이는 그의 소문을 들었으므로 보고자
한 지 오래였고 또한 무엇이나 이적
행하심을 볼까 바랐던 연고러라
9 여러 말로 물으나 아무 말도 대답하
지 아니하시니
10 대제사장들과 서기관들이 서서 힘써
고발하더라
11 헤롯이 그 군인들과 함께 예수를 업
신여기며 희롱하고 빛난 옷을 입혀
빌라도에게 도로 보내니
12 헤롯과 빌라도가 전에는 원수였으나
당일에 서로 친구가 되니라

십자가에 못 박히게 예수를 넘기다
(마 27:15-26; 막 15:6-15; 요 18:39-19:16)

13 ○ 빌라도가 대제사장들과 관리들과
백성을 불러 모으고
14 이르되 너희가 이 사람이 백성을 미
혹하는 자라 하여 내게 끌고 왔도다

6】

7】

8】

9】

10】

11】

12】

13】

14】

보라 내가 너희 앞에서 심문하였으되
너희가 고발하는 일에 대하여 이 사
람에게서 죄를 찾지 못하였고
15 헤롯이 또한 그렇게 하여 그를 우리
에게 도로 보내었도다 보라 그가 행
한 일에는 죽일 일이 없느니라
16 그러므로 때려서 놓겠노라
17 (없음)
18 무리가 일제히 소리 질러 이르되 이
사람을 없이하고 바라바를 우리에게
놓아 주소서 하니
19 이 바라바는 성중에서 일어난 민란과
살인으로 말미암아 옥에 갇힌 자러라
20 빌라도는 예수를 놓고자 하여 다시
그들에게 말하되
21 그들은 소리 질러 이르되 그를 십자
가에 못 박게 하소서 십자가에 못 박
게 하소서 하는지라
22 빌라도가 세 번째 말하되 이 사람이
무슨 악한 일을 하였느냐 나는 그에
게서 죽일 죄를 찾지 못하였나니 때
려서 놓으리라 하니
23 그들이 큰 소리로 재촉하여 십자가에
못 박기를 구하니 그들의 소리가 이
긴지라
24 이에 빌라도가 그들이 구하는 대로
하기를 언도하고

15】
16】
17】(없음)
18】
19】
20】
21】
22】
23】
24】

25 그들이 요구하는 자 곧 민란과 살인
으로 말미암아 옥에 갇힌 자를 놓아
주고 예수는 넘겨 주어 그들의 뜻대
로 하게 하니라

25】

십자가에 못 박히시다
(마 27:32-44; 막 15:21-32; 요 19:17-27)

26 ○ 그들이 예수를 끌고 갈 때에 시몬
이라는 구레네 사람이 시골에서 오는
것을 붙들어 그에게 십자가를 지워
예수를 따르게 하더라

26】

27 또 백성과 및 그를 위하여 가슴을 치
며 슬피 우는 여자의 큰 무리가 따라
오는지라

27】

28 예수께서 돌이켜 그들을 향하여 이르
시되 예루살렘의 딸들아 나를 위하여
울지 말고 너희와 너희 자녀를 위하
여 울라

28】

29 보라 날이 이르면 사람이 말하기를 잉
태하지 못하는 이와 해산하지 못한 배
와 먹이지 못한 젖이 복이 있다 하리라

29】

30 그 때에 사람이 산들을 대하여 우리
위에 무너지라 하며 작은 산들을 대
하여 우리를 덮으라 하리라

30】

31 푸른 나무에도 이같이 하거든 마른
나무에는 어떻게 되리요 하시니라

31】

32 또 다른 두 행악자도 사형을 받게 되
어 예수와 함께 끌려 가니라

32】

33 해골이라 하는 곳에 이르러 거기서

33】

예수를 십자가에 못 박고 두 행악자
도 그렇게 하니 하나는 우편에, 하나
는 좌편에 있더라
34 이에 예수께서 이르시되 아버지 저
들을 사하여 주옵소서 자기들이 하는
것을 알지 못함이니이다 하시더라 그
들이 그의 옷을 나눠 제비 뽑을새
35 백성은 서서 구경하는데 관리들은 비
웃어 이르되 저가 남을 구원하였으니
만일 하나님이 택하신 자 그리스도이
면 자신도 구원할지어다 하고
36 군인들도 희롱하면서 나아와 신 포도
주를 주며
37 이르되 네가 만일 유대인의 왕이면
네가 너를 구원하라 하더라
38 그의 위에 이는 유대인의 왕이라 쓴
패가 있더라
39 ○ 달린 행악자 중 하나는 비방하여
이르되 네가 그리스도가 아니냐 너와
우리를 구원하라 하되
40 하나는 그 사람을 꾸짖어 이르되 네
가 동일한 정죄를 받고서도 하나님을
두려워하지 아니하느냐
41 우리는 우리가 행한 일에 상당한 보
응을 받는 것이니 이에 당연하거니와
이 사람이 행한 것은 옳지 않은 것이
없느니라 하고

34】

35】

36】

37】

38】

39】

40】

41】

42 이르되 예수여 당신의 나라에 임하실
때에 나를 기억하소서 하니
43 예수께서 이르시되 내가 진실로 네게
이르노니 오늘 네가 나와 함께 낙원
에 있으리라 하시니라

숨지시다
(마 27:45-56; 막 15:33-41; 요 19:28-30)

44 ○ 때가 제육시쯤 되어 해가 빛을 잃
고 온 땅에 어둠이 임하여 제구시까
지 계속하며
45 성소의 휘장이 한가운데가 찢어지더라
46 예수께서 큰 소리로 불러 이르시되
아버지 내 영혼을 아버지 손에 부탁
하나이다 하고 이 말씀을 하신 후 숨
지시니라
47 백부장이 그 된 일을 보고 하나님께
영광을 돌려 이르되 이 사람은 정녕
의인이었도다 하고
48 이를 구경하러 모인 무리도 그 된 일
을 보고 다 가슴을 치며 돌아가고
49 예수를 아는 자들과 갈릴리로부터 따
라온 여자들도 다 멀리 서서 이 일을
보니라

요셉이 예수의 시체를 무덤에 넣어 두다
(마 27:57-61; 막 15:42-47; 요 19:38-42)

50 ○ 공회 의원으로 선하고 의로운 요
셉이라 하는 사람이 있으니
51 (그들의 결의와 행사에 찬성하지 아
니한 자라) 그는 유대인의 동네 아리

42】

43】

44】

45】

46】

47】

48】

49】

50】

51】

마대 사람이요 하나님의 나라를 기다
리는 자라
52 그가 빌라도에게 가서 예수의 시체를
달라 하여
53 이를 내려 세마포로 싸고 아직 사람
을 장사한 일이 없는 바위에 판 무덤
에 넣어 두니
54 이 날은 준비일이요 안식일이 거의
되었더라
55 갈릴리에서 예수와 함께 온 여자들이
뒤를 따라 그 무덤과 그의 시체를 어
떻게 두었는지를 보고
56 돌아가 향품과 향유를 준비하더라
○ 계명을 따라 안식일에 쉬더라

52】

53】

54】

55】

56】

살아나시다
(마 28:1-10; 막 16:1-8; 요 20:1-10)

24

1 안식 후 첫날 새벽에 이 여자들이
그 준비한 향품을 가지고 무덤에
가서
2 돌이 무덤에서 굴려 옮겨진 것을 보고
3 들어가니 주 예수의 시체가 보이지
아니하더라
4 이로 인하여 근심할 때에 문득 찬란한
옷을 입은 두 사람이 곁에 섰는지라
5 여자들이 두려워 얼굴을 땅에 대니
두 사람이 이르되 어찌하여 살아 있
는 자를 죽은 자 가운데서 찾느냐

1】

2】

3】

4】

5】

년 월 일

6 여기 계시지 않고 살아나셨느니라 갈
릴리에 계실 때에 너희에게 어떻게
말씀하셨는지를 기억하라
7 이르시기를 인자가 죄인의 손에 넘겨
져 십자가에 못 박히고 제삼일에 다시
살아나야 하리라 하셨느니라 한대
8 그들이 예수의 말씀을 기억하고
9 무덤에서 돌아가 이 모든 것을 열한
사도와 다른 모든 이에게 알리니
10 (이 여자들은 막달라 마리아와 요안
나와 야고보의 모친 마리아라 또 그
들과 함께 한 다른 여자들도 이것을
사도들에게 알리니라)
11 사도들은 그들의 말이 허탄한 듯이
들려 믿지 아니하나
12 베드로는 일어나 무덤에 달려가서 구
부려 들여다 보니 세마포만 보이는지
라 그 된 일을 놀랍게 여기며 집으로
돌아가니라

엠마오 길에서 제자들에게 나타나시다
(막 16:12-13)

13 ○ 그 날에 그들 중 둘이 예루살렘에
서 이십오 리 되는 엠마오라 하는 마
을로 가면서
14 이 모든 된 일을 서로 이야기하더라
15 그들이 서로 이야기하며 문의할 때에
예수께서 가까이 이르러 그들과 동행
하시나

6】

7】

8】

9】

10】

11】

12】

13】

14】

15】

16 그들의 눈이 가리어져서 그인 줄 알
아보지 못하거늘
17 예수께서 이르시되 너희가 길 가면서
서로 주고받고 하는 이야기가 무엇이
냐 하시니 두 사람이 슬픈 빛을 띠고
머물러 서더라
18 그 한 사람인 글로바라 하는 자가 대
답하여 이르되 당신이 예루살렘에 체
류하면서도 요즘 거기서 된 일을 혼
자만 알지 못하느냐
19 이르시되 무슨 일이냐 이르되 나사
렛 예수의 일이니 그는 하나님과 모
든 백성 앞에서 말과 일에 능하신 선
지자이거늘
20 우리 대제사장들과 관리들이 사형 판
결에 넘겨 주어 십자가에 못 박았느
니라
21 우리는 이 사람이 이스라엘을 속량할
자라고 바랐노라 이뿐 아니라 이 일
이 일어난 지가 사흘째요
22 또한 우리 중에 어떤 여자들이 우리
로 놀라게 하였으니 이는 그들이 새
벽에 무덤에 갔다가
23 그의 시체는 보지 못하고 와서 그가
살아나셨다 하는 천사들의 나타남을
보았다 함이라
24 또 우리와 함께 한 자 중에 두어 사람

16】

17】

18】

19】

20】

21】

22】

23】

24】

이 무덤에 가 과연 여자들이 말한 바
와 같음을 보았으나 예수는 보지 못
하였느니라 하거늘
25 이르시되 미련하고 선지자들이 말한
모든 것을 마음에 더디 믿는 자들이여
26 그리스도가 이런 고난을 받고 자기의 영
광에 들어가야 할 것이 아니냐 하시고
27 이에 모세와 모든 선지자의 글로 시
작하여 모든 성경에 쓴 바 자기에 관
한 것을 자세히 설명하시니라
28 그들이 가는 마을에 가까이 가매 예
수는 더 가려 하는 것 같이 하시니
29 그들이 강권하여 이르되 우리와 함께
유하사이다 때가 저물어가고 날이 이
미 기울었나이다 하니 이에 그들과
함께 유하러 들어가시니라
30 그들과 함께 음식 잡수실 때에 떡을
가지사 축사하시고 떼어 그들에게 주
시니
31 그들의 눈이 밝아져 그인 줄 알아 보
더니 예수는 그들에게 보이지 아니하
시는지라
32 그들이 서로 말하되 길에서 우리에게
말씀하시고 우리에게 성경을 풀어 주
실 때에 우리 속에서 마음이 뜨겁지
아니하더냐 하고
33 곧 그 때로 일어나 예루살렘에 돌아

25】

26】

27】

28】

29】

30】

31】

32】

33】

가 보니 열한 제자 및 그들과 함께 한
자들이 모여 있어
34 말하기를 주께서 과연 살아나시고 시
몬에게 보이셨다 하는지라
35 두 사람도 길에서 된 일과 예수께서
떡을 떼심으로 자기들에게 알려지신
것을 말하더라

열한 제자에게 나타나시다
(마 28:16-20; 막 16:14-18; 요 20:19-23; 행 1:6-8)

36 ○ 이 말을 할 때에 예수께서 친히 그
들 가운데 서서 이르시되 너희에게
평강이 있을지어다 하시니
37 그들이 놀라고 무서워하여 그 보는
것을 영으로 생각하는지라
38 예수께서 이르시되 어찌하여 두려워
하며 어찌하여 마음에 의심이 일어나
느냐
39 내 손과 발을 보고 나인 줄 알라 또 나
를 만져 보라 영은 살과 뼈가 없으되
너희 보는 바와 같이 나는 있느니라
40 이 말씀을 하시고 손과 발을 보이시나
41 그들이 너무 기쁘므로 아직도 믿지
못하고 놀랍게 여길 때에 이르시되
여기 무슨 먹을 것이 있느냐 하시니
42 이에 구운 생선 한 토막을 드리니
43 받으사 그 앞에서 잡수시더라
44 ○ 또 이르시되 내가 너희와 함께 있
을 때에 너희에게 말한 바 곧 모세의

34】

35】

36】

37】

38】

39】

40】

41】

42】

43】

44】

율법과 선지자의 글과 시편에 나를
가리켜 기록된 모든 것이 이루어져야
하리라 한 말이 이것이라 하시고
45 이에 그들의 마음을 열어 성경을 깨
닫게 하시고
46 또 이르시되 이같이 그리스도가 고난
을 받고 제삼일에 죽은 자 가운데서
살아날 것과
47 또 그의 이름으로 죄 사함을 받게 하는
회개가 예루살렘에서 시작하여 모든
족속에게 전파될 것이 기록되었으니
48 너희는 이 모든 일의 증인이라
49 볼지어다 내가 내 아버지께서 약속
하신 것을 너희에게 보내리니 너희는
위로부터 능력으로 입혀질 때까지 이
성에 머물라 하시니라

하늘로 올려지시다(막 16:19-20; 행 1:9-11)

50 ○ 예수께서 그들을 데리고 베다니
앞까지 나가사 손을 들어 그들에게
축복하시더니
51 축복하실 때에 그들을 떠나 [하늘로
올려지시니]
52 그들이 [그에게 경배하고] 큰 기쁨으
로 예루살렘에 돌아가
53 늘 성전에서 하나님을 찬송하니라

45】

46】

47】

48】

49】

50】

51】

52】

53】

요한복음

말씀이 육신이 되시다

1

1 태초에 말씀이 계시니라 이 말씀이
하나님과 함께 계셨으니 이 말씀은
곧 하나님이시니라
2 그가 태초에 하나님과 함께 계셨고
3 만물이 그로 말미암아 지은 바 되었
으니 지은 것이 하나도 그가 없이는
된 것이 없느니라
4 그 안에 생명이 있었으니 이 생명은
사람들의 빛이라
5 빛이 어둠에 비치되 어둠이 깨닫지 못
하더라
6 하나님께로부터 보내심을 받은 사람
이 있으니 그의 이름은 요한이라
7 그가 증언하러 왔으니 곧 빛에 대하
여 증언하고 모든 사람이 자기로 말
미암아 믿게 하려 함이라
8 그는 이 빛이 아니요 이 빛에 대하여
증언하러 온 자라
9 참 빛 곧 세상에 와서 각 사람에게 비
추는 빛이 있었나니
10 그가 세상에 계셨으며 세상은 그로
말미암아 지은 바 되었으되 세상이
그를 알지 못하였고

1】

2】

3】

4】

5】

6】

7】

8】

9】

10】

11 자기 땅에 오매 자기 백성이 영접하
지 아니하였으나
12 영접하는 자 곧 그 이름을 믿는 자들
에게는 하나님의 자녀가 되는 권세를
주셨으니
13 이는 혈통으로나 육정으로나 사람의
뜻으로 나지 아니하고 오직 하나님께
로부터 난 자들이니라
14 말씀이 육신이 되어 우리 가운데 거
하시매 우리가 그의 영광을 보니 아
버지의 독생자의 영광이요 은혜와 진
리가 충만하더라
15 요한이 그에 대하여 증언하여 외쳐
이르되 내가 전에 말하기를 내 뒤에
오시는 이가 나보다 앞선 것은 나보
다 먼저 계심이라 한 것이 이 사람을
가리킴이라 하니라
16 우리가 다 그의 충만한 데서 받으니
은혜 위에 은혜러라
17 율법은 모세로 말미암아 주어진 것
이요 은혜와 진리는 예수 그리스도로
말미암아 온 것이라
18 본래 하나님을 본 사람이 없으되 아
버지 품 속에 있는 독생하신 하나님
이 나타내셨느니라

세례 요한의 증언
(마 3:1-12; 막 1:7-8; 눅 3:15-17)

19 ○ 유대인들이 예루살렘에서 제사장

11】

12】

13】

14】

15】

16】

17】

18】

19】

들과 레위인들을 요한에게 보내어 네
가 누구냐 물을 때에 요한의 증언이
이러하니라
20 요한이 드러내어 말하고 숨기지 아니
하니 드러내어 하는 말이 나는 그리
스도가 아니라 한대
21 또 묻되 그러면 누구냐 네가 엘리야
냐 이르되 나는 아니라 또 묻되 네가
그 선지자냐 대답하되 아니라
22 또 말하되 누구냐 우리를 보낸 이들
에게 대답하게 하라 너는 네게 대하
여 무엇이라 하느냐
23 이르되 나는 선지자 이사야의 말과
같이 주의 길을 곧게 하라고 광야에
서 외치는 자의 소리로라 하니라
24 그들은 바리새인들이 보낸 자라
25 또 물어 이르되 네가 만일 그리스도도
아니요 엘리야도 아니요 그 선지자도
아닐진대 어찌하여 세례를 베푸느냐
26 요한이 대답하되 나는 물로 세례를
베풀거니와 너희 가운데 너희가 알지
못하는 한 사람이 섰으니
27 곧 내 뒤에 오시는 그이라 나는 그의
신발끈을 풀기도 감당하지 못하겠노
라 하더라
28 이 일은 요한이 세례 베풀던 곳 요단 강
건너편 베다니에서 일어난 일이니라

20】
21】
22】
23】
24】
25】
26】
27】
28】

하나님의 어린 양을 보라

29 ○ 이튿날 요한이 예수께서 자기에게
나아오심을 보고 이르되 보라 세상 죄
를 지고 가는 하나님의 어린 양이로다
30 내가 전에 말하기를 내 뒤에 오는 사
람이 있는데 나보다 앞선 것은 그가
나보다 먼저 계심이라 한 것이 이 사
람을 가리킴이라
31 나도 그를 알지 못하였으나 내가 와
서 물로 세례를 베푸는 것은 그를 이
스라엘에 나타내려 함이라 하니라
32 요한이 또 증언하여 이르되 내가 보
매 성령이 비둘기 같이 하늘로부터
내려와서 그의 위에 머물렀더라
33 나도 그를 알지 못하였으나 나를 보내
어 물로 세례를 베풀라 하신 그이가 나
에게 말씀하시되 성령이 내려서 누구
위에든지 머무는 것을 보거든 그가 곧
성령으로 세례를 베푸는 이인 줄 알라
하셨기에
34 내가 보고 그가 하나님의 아들이심을
증언하였노라 하니라

요한의 두 제자

35 ○ 또 이튿날 요한이 자기 제자 중 두
사람과 함께 섰다가
36 예수께서 거니심을 보고 말하되 보라
하나님의 어린 양이로다

29】

30】

31】

32】

33】

34】

35】

36】

37 두 제자가 그의 말을 듣고 예수를 따
르거늘
38 예수께서 돌이켜 그 따르는 것을 보
시고 물어 이르시되 무엇을 구하느냐
이르되 랍비여 어디 계시오니이까 하
니 (랍비는 번역하면 선생이라)
39 예수께서 이르시되 와서 보라 그러므
로 그들이 가서 계신 데를 보고 그 날
함께 거하니 때가 열 시쯤 되었더라
40 요한의 말을 듣고 예수를 따르는 두
사람 중의 하나는 시몬 베드로의 형
제 안드레라
41 그가 먼저 자기의 형제 시몬을 찾아
말하되 우리가 메시야를 만났다 하고
(메시야는 번역하면 그리스도라)
42 데리고 예수께로 오니 예수께서 보시
고 이르시되 네가 요한의 아들 시몬이
니 장차 게바라 하리라 하시니라(게바
는 번역하면 베드로라)

빌립과 나타나엘을 부르시다

43 ○ 이튿날 예수께서 갈릴리로 나가려
하시다가 빌립을 만나 이르시되 나를
따르라 하시니
44 빌립은 안드레와 베드로와 한 동네
벳새다 사람이라
45 빌립이 나다나엘을 찾아 이르되 모세
가 율법에 기록하였고 여러 선지자가

37】

38】

39】

40】

41】

42】

43】

44】

45】

기록한 그이를 우리가 만났으니 요셉
의 아들 나사렛 예수니라
46 나다나엘이 이르되 나사렛에서 무슨
선한 것이 날 수 있느냐 빌립이 이르
되 와서 보라 하니라
47 예수께서 나다나엘이 자기에게 오는
것을 보시고 그를 가리켜 이르시되
보라 이는 참으로 이스라엘 사람이라
그 속에 간사한 것이 없도다
48 나다나엘이 이르되 어떻게 나를 아시
나이까 예수께서 대답하여 이르시되
빌립이 너를 부르기 전에 네가 무화
과나무 아래에 있을 때에 보았노라
49 나다나엘이 대답하되 랍비여 당신은
하나님의 아들이시요 당신은 이스라
엘의 임금이로소이다
50 예수께서 대답하여 이르시되 내가 너
를 무화과나무 아래에서 보았다 하므
로 믿느냐 이보다 더 큰 일을 보리라
51 또 이르시되 진실로 진실로 너희에게
이르노니 하늘이 열리고 하나님의 사
자들이 인자 위에 오르락 내리락 하
는 것을 보리라 하시니라

46】

47】

48】

49】

50】

51】

가나의 혼례

2 1 사흘째 되던 날 갈릴리 가나에 혼
례가 있어 예수의 어머니도 거기

1】

계시고
2 예수와 그 제자들도 혼례에 청함을
받았더니
3 포도주가 떨어진지라 예수의 어머니
가 예수에게 이르되 저들에게 포도주
가 없다 하니
4 예수께서 이르시되 여자여 나와 무슨
상관이 있나이까 내 때가 아직 이르
지 아니하였나이다
5 그의 어머니가 하인들에게 이르되 너
희에게 무슨 말씀을 하시든지 그대로
하라 하니라
6 거기에 유대인의 정결 예식을 따라 두세
통 드는 돌항아리 여섯이 놓였는지라
7 예수께서 그들에게 이르시되 항아리에
물을 채우라 하신즉 아귀까지 채우니
8 이제는 떠서 연회장에게 갖다 주라
하시매 갖다 주었더니
9 연회장은 물로 된 포도주를 맛보고도
어디서 났는지 알지 못하되 물 떠온 하
인들은 알더라 연회장이 신랑을 불러
10 말하되 사람마다 먼저 좋은 포도주를
내고 취한 후에 낮은 것을 내거늘 그
대는 지금까지 좋은 포도주를 두었도
다 하니라
11 예수께서 이 첫 표적을 갈릴리 가나
에서 행하여 그의 영광을 나타내시매

2】
3】
4】
5】
6】
7】
8】
9】
10】
11】

제자들이 그를 믿으니라
12 ○ 그 후에 예수께서 그 어머니와 형
제들과 제자들과 함께 가버나움으로
내려가셨으나 거기에 여러 날 계시지
는 아니하시니라

성전을 깨끗하게 하시다
(마 21:12-13; 막 11:15-17; 눅 19:45-46)

13 ○ 유대인의 유월절이 가까운지라 예
수께서 예루살렘으로 올라가셨더니
14 성전 안에서 소와 양과 비둘기 파는
사람들과 돈 바꾸는 사람들이 앉아
있는 것을 보시고
15 노끈으로 채찍을 만드사 양이나 소를
다 성전에서 내쫓으시고 돈 바꾸는 사
람들의 돈을 쏟으시며 상을 엎으시고
16 비둘기 파는 사람들에게 이르시되 이것
을 여기서 가져가라 내 아버지의 집으
로 장사하는 집을 만들지 말라 하시니
17 제자들이 성경 말씀에 주의 전을 사
모하는 열심이 나를 삼키리라 한 것
을 기억하더라
18 이에 유대인들이 대답하여 예수께 말
하기를 네가 이런 일을 행하니 무슨
표적을 우리에게 보이겠느냐
19 예수께서 대답하여 이르시되 너희가
이 성전을 헐라 내가 사흘 동안에 일
으키리라
20 유대인들이 이르되 이 성전은 사십육

12】

13】

14】

15】

16】

17】

18】

19】

20】

년 동안에 지었거늘 네가 삼 일 동안
에 일으키겠느냐 하더라
21 그러나 예수는 성전된 자기 육체를
가리켜 말씀하신 것이라
22 죽은 자 가운데서 살아나신 후에야 제
자들이 이 말씀하신 것을 기억하고 성
경과 예수께서 하신 말씀을 믿었더라

예수는 사람의 마음속을 아신다

23 ○ 유월절에 예수께서 예루살렘에 계
시니 많은 사람이 그의 행하시는 표
적을 보고 그의 이름을 믿었으나
24 예수는 그의 몸을 그들에게 의탁하지
아니하셨으니 이는 친히 모든 사람을
아심이요
25 또 사람에 대하여 누구의 증언도 받
으실 필요가 없었으니 이는 그가 친히
사람의 속에 있는 것을 아셨음이니라

21】

22】

23】

24】

25】

예수와 니고데모

3 1 그런데 바리새인 중에 니고데모라
하는 사람이 있으니 유대인의 지도
자라
2 그가 밤에 예수께 와서 이르되 랍비여
우리가 당신은 하나님께로부터 오신
선생인 줄 아나이다 하나님이 함께 하
시지 아니하시면 당신이 행하시는 이
표적을 아무도 할 수 없음이니이다

1】

2】

3 예수께서 대답하여 이르시되 진실로
진실로 네게 이르노니 사람이 거듭나
지 아니하면 하나님의 나라를 볼 수
없느니라

3】

4 니고데모가 이르되 사람이 늙으면 어
떻게 날 수 있사옵나이까 두 번째 모
태에 들어갔다가 날 수 있사옵나이까

4】

5 예수께서 대답하시되 진실로 진실로
네게 이르노니 사람이 물과 성령으로
나지 아니하면 하나님의 나라에 들어
갈 수 없느니라

5】

6 육으로 난 것은 육이요 영으로 난 것
은 영이니

6】

7 내가 네게 거듭나야 하겠다 하는 말
을 놀랍게 여기지 말라

7】

8 바람이 임의로 불매 네가 그 소리는 들
어도 어디서 와서 어디로 가는지 알지
못하나니 성령으로 난 사람도 다 그러
하니라

8】

9 니고데모가 대답하여 이르되 어찌 그
러한 일이 있을 수 있나이까

9】

10 예수께서 그에게 대답하여 이르시되
너는 이스라엘의 선생으로서 이러한
것들을 알지 못하느냐

10】

11 진실로 진실로 네게 이르노니 우리는
아는 것을 말하고 본 것을 증언하노
라 그러나 너희가 우리의 증언을 받

11】

지 아니하는도다
12 내가 땅의 일을 말하여도 너희가 믿
지 아니하거든 하물며 하늘의 일을
말하면 어떻게 믿겠느냐
13 하늘에서 내려온 자 곧 인자 외에는
하늘에 올라간 자가 없느니라
14 모세가 광야에서 뱀을 든 것 같이 인
자도 들려야 하리니
15 이는 그를 믿는 자마다 영생을 얻게
하려 하심이니라
16 ○ 하나님이 세상을 이처럼 사랑하
사 독생자를 주셨으니 이는 그를 믿
는 자마다 멸망하지 않고 영생을 얻
게 하려 하심이라
17 하나님이 그 아들을 세상에 보내신 것
은 세상을 심판하려 하심이 아니요 그
로 말미암아 세상이 구원을 받게 하려
하심이라
18 그를 믿는 자는 심판을 받지 아니하
는 것이요 믿지 아니하는 자는 하나
님의 독생자의 이름을 믿지 아니하므
로 벌써 심판을 받은 것이니라
19 그 정죄는 이것이니 곧 빛이 세상에 왔
으되 사람들이 자기 행위가 악하므로
빛보다 어둠을 더 사랑한 것이니라
20 악을 행하는 자마다 빛을 미워하여
빛으로 오지 아니하나니 이는 그 행

12】
13】
14】
15】
16】
17】
18】
19】
20】

위가 드러날까 함이요
21 진리를 따르는 자는 빛으로 오나니
이는 그 행위가 하나님 안에서 행한
것임을 나타내려 함이라 하시니라

그는 흥하고 나는 쇠하여야 하리라

22 ○ 그 후에 예수께서 제자들과 유대
땅으로 가서 거기 함께 유하시며 세
례를 베푸시더라
23 요한도 살렘 가까운 애논에서 세례를
베푸니 거기 물이 많음이라 그러므로
사람들이 와서 세례를 받더라
24 요한이 아직 옥에 갇히지 아니하였
더라
25 이에 요한의 제자 중에서 한 유대인
과 더불어 정결예식에 대하여 변론이
되었더니
26 그들이 요한에게 가서 이르되 랍비여
선생님과 함께 요단 강 저편에 있던 이
곧 선생님이 증언하시던 이가 세례를
베풀매 사람이 다 그에게로 가더이다
27 요한이 대답하여 이르되 만일 하늘에
서 주신 바 아니면 사람이 아무 것도
받을 수 없느니라
28 내가 말한 바 나는 그리스도가 아니
요 그의 앞에 보내심을 받은 자라고
한 것을 증언할 자는 너희니라
29 신부를 취하는 자는 신랑이나 서서

21】
22】
23】
24】
25】
26】
27】
28】
29】

신랑의 음성을 듣는 친구가 크게 기
뻐하나니 나는 이러한 기쁨으로 충만
하였노라
30 그는 흥하여야 하겠고 나는 쇠하여야
하리라 하니라

하늘로부터 오시는 이

31 ○ 위로부터 오시는 이는 만물 위에
계시고 땅에서 난 이는 땅에 속하여
땅에 속한 것을 말하느니라 하늘로부
터 오시는 이는 만물 위에 계시나니
32 그가 친히 보고 들은 것을 증언하되
그의 증언을 받는 자가 없도다
33 그의 증언을 받는 자는 하나님이 참
되시다는 것을 인쳤느니라
34 하나님이 보내신 이는 하나님의 말씀
을 하나니 이는 하나님이 성령을 한
량 없이 주심이니라
35 아버지께서 아들을 사랑하사 만물을
다 그의 손에 주셨으니
36 아들을 믿는 자에게는 영생이 있고 아
들에게 순종하지 아니하는 자는 영생
을 보지 못하고 도리어 하나님의 진
노가 그 위에 머물러 있느니라

30】

31】

32】

33】

34】

35】

36】

사마리아 여자와 말씀하시다

4

1 예수께서 제자를 삼고 세례를 베푸
시는 것이 요한보다 많다 하는 말

1】

을 바리새인들이 들은 줄을 주께서
아신지라
2 (예수께서 친히 세례를 베푸신 것이
아니요 제자들이 베푼 것이라)
3 유대를 떠나사 다시 갈릴리로 가실새
4 사마리아를 통과하여야 하겠는지라
5 사마리아에 있는 수가라 하는 동네에
이르시니 야곱이 그 아들 요셉에게 준
땅이 가깝고
6 거기 또 야곱의 우물이 있더라 예수께서
길 가시다가 피곤하여 우물 곁에 그대로
앉으시니 때가 여섯 시쯤 되었더라
7 사마리아 여자 한 사람이 물을 길으러
왔으매 예수께서 물을 좀 달라 하시니
8 이는 제자들이 먹을 것을 사러 그 동
네에 들어갔음이러라
9 사마리아 여자가 이르되 당신은 유대
인으로서 어찌하여 사마리아 여자인
나에게 물을 달라 하나이까 하니 이
는 유대인이 사마리아인과 상종하지
아니함이러라
10 예수께서 대답하여 이르시되 네가 만
일 하나님의 선물과 또 네게 물 좀 달
라 하는 이가 누구인 줄 알았더라면
네가 그에게 구하였을 것이요 그가
생수를 네게 주었으리라
11 여자가 이르되 주여 물 길을 그릇도

2】

3】

4】

5】

6】

7】

8】

9】

10】

11】

없고 이 우물은 깊은데 어디서 당신
이 그 생수를 얻겠사옵나이까
12 우리 조상 야곱이 이 우물을 우리에
게 주셨고 또 여기서 자기와 자기 아
들들과 짐승이 다 마셨는데 당신이
야곱보다 더 크니이까
13 예수께서 대답하여 이르시되 이 물을
마시는 자마다 다시 목마르려니와
14 내가 주는 물을 마시는 자는 영원히
목마르지 아니하리니 내가 주는 물은
그 속에서 영생하도록 솟아나는 샘물
이 되리라
15 여자가 이르되 주여 그런 물을 내게
주사 목마르지도 않고 또 여기 물 길
으러 오지도 않게 하옵소서
16 이르시되 가서 네 남편을 불러 오라
17 여자가 대답하여 이르되 나는 남편이
없나이다 예수께서 이르시되 네가 남
편이 없다 하는 말이 옳도다
18 너에게 남편 다섯이 있었고 지금 있
는 자도 네 남편이 아니니 네 말이 참
되도다
19 여자가 이르되 주여 내가 보니 선지
자로소이다
20 우리 조상들은 이 산에서 예배하였는
데 당신들의 말은 예배할 곳이 예루
살렘에 있다 하더이다

12】

13】

14】

15】

16】

17】

18】

19】

20】

21 예수께서 이르시되 여자여 내 말을
믿으라 이 산에서도 말고 예루살렘
에서도 말고 너희가 아버지께 예배할
때가 이르리라
22 너희는 알지 못하는 것을 예배하고
우리는 아는 것을 예배하노니 이는
구원이 유대인에게서 남이라
23 아버지께 참되게 예배하는 자들은 영
과 진리로 예배할 때가 오나니 곧 이
때라 아버지께서는 자기에게 이렇게
예배하는 자들을 찾으시느니라
24 하나님은 영이시니 예배하는 자가 영
과 진리로 예배할지니라
25 여자가 이르되 메시야 곧 그리스도라
하는 이가 오실 줄을 내가 아노니 그
가 오시면 모든 것을 우리에게 알려
주시리이다
26 예수께서 이르시되 네게 말하는 내가
그라 하시니라
27 ○ 이 때에 제자들이 돌아와서 예수께
서 여자와 말씀하시는 것을 이상히 여겼
으나 무엇을 구하시나이까 어찌하여 그
와 말씀하시나이까 묻는 자가 없더라
28 여자가 물동이를 버려 두고 동네로
들어가서 사람들에게 이르되
29 내가 행한 모든 일을 내게 말한 사람
을 와서 보라 이는 그리스도가 아니

21】

22】

23】

24】

25】

26】

27】

28】

29】

냐 하니
30 그들이 동네에서 나와 예수께로 오더라
31 그 사이에 제자들이 청하여 이르되
랍비여 잡수소서
32 이르시되 내게는 너희가 알지 못하는
먹을 양식이 있느니라
33 제자들이 서로 말하되 누가 잡수실
것을 갖다 드렸는가 하니
34 예수께서 이르시되 나의 양식은 나를
보내신 이의 뜻을 행하며 그의 일을
온전히 이루는 이것이니라
35 너희는 넉 달이 지나야 추수할 때가
이르겠다 하지 아니하느냐 그러나 나
는 너희에게 이르노니 너희 눈을 들어
밭을 보라 희어져 추수하게 되었도다
36 거두는 자가 이미 삯도 받고 영생에
이르는 열매를 모으나니 이는 뿌리
는 자와 거두는 자가 함께 즐거워하
게 하려 함이라
37 그런즉 한 사람이 심고 다른 사람이
거둔다 하는 말이 옳도다
38 내가 너희로 노력하지 아니한 것을
거두러 보내었노니 다른 사람들은 노
력하였고 너희는 그들이 노력한 것에
참여하였느니라
39 ○ 여자의 말이 내가 행한 모든 것을
그가 내게 말하였다 증언하므로 그

30】
31】
32】
33】
34】
35】
36】
37】
38】
39】

동네 중에 많은 사마리아인이 예수를
믿는지라
40 사마리아인들이 예수께 와서 자기들
과 함께 유하시기를 청하니 거기서
이틀을 유하시매
41 예수의 말씀으로 말미암아 믿는 자가
더욱 많아
42 그 여자에게 말하되 이제 우리가 믿
는 것은 네 말로 인함이 아니니 이는
우리가 친히 듣고 그가 참으로 세상
의 구주신 줄 앎이라 하였더라

왕의 신하의 아들을 고치시다
(마 8:5-13; 눅 7:1-10)

43 ○ 이틀이 지나매 예수께서 거기를
떠나 갈릴리로 가시며
44 친히 증언하시기를 선지자가 고향에
서는 높임을 받지 못한다 하시고
45 갈릴리에 이르시매 갈릴리인들이 그
를 영접하니 이는 자기들도 명절에
갔다가 예수께서 명절중 예루살렘에
서 하신 모든 일을 보았음이더라
46 ○ 예수께서 다시 갈릴리 가나에 이
르시니 전에 물로 포도주를 만드신
곳이라 왕의 신하가 있어 그의 아들
이 가버나움에서 병들었더니
47 그가 예수께서 유대로부터 갈릴리로
오셨다는 것을 듣고 가서 청하되 내
려오셔서 내 아들의 병을 고쳐 주소

40】

41】

42】

43】

44】

45】

46】

47】

서 하니 그가 거의 죽게 되었음이라
48 예수께서 이르시되 너희는 표적과 기사
를 보지 못하면 도무지 믿지 아니하리라
49 신하가 이르되 주여 내 아이가 죽기
전에 내려오소서
50 예수께서 이르시되 가라 네 아들이
살아 있다 하시니 그 사람이 예수께
서 하신 말씀을 믿고 가더니
51 내려가는 길에서 그 종들이 오다가
만나서 아이가 살아 있다 하거늘
52 그 낫기 시작한 때를 물은즉 어제 일곱
시에 열기가 떨어졌나이다 하는지라
53 그의 아버지가 예수께서 네 아들이
살아 있다 말씀하신 그 때인 줄 알고
자기와 그 온 집안이 다 믿으니라
54 이것은 예수께서 유대에서 갈릴리로
오신 후에 행하신 두 번째 표적이니라

48】

49】

50】

51】

52】

53】

54】

오래된 병을 고치시다

5 1 그 후에 유대인의 명절이 되어 예
수께서 예루살렘에 올라가시니라
2 ○ 예루살렘에 있는 양문 곁에 히브
리 말로 베데스다라 하는 못이 있는
데 거기 행각 다섯이 있고
3 그 안에 많은 병자, 맹인, 다리 저는
사람, 혈기 마른 사람들이 누워 [물의
움직임을 기다리니

1】

2】

3】

4 이는 천사가 가끔 못에 내려와 물을
움직이게 하는데 움직인 후에 먼저
들어가는 자는 어떤 병에 걸렸든지
낫게 됨이러라]
5 거기 서른여덟 해 된 병자가 있더라
6 예수께서 그 누운 것을 보시고 병이
벌써 오래된 줄 아시고 이르시되 네
가 낫고자 하느냐
7 병자가 대답하되 주여 물이 움직일
때에 나를 못에 넣어 주는 사람이 없
어 내가 가는 동안에 다른 사람이 먼
저 내려가나이다
8 예수께서 이르시되 일어나 네 자리를
들고 걸어가라 하시니
9 그 사람이 곧 나아서 자리를 들고 걸
어가니라
○ 이 날은 안식일이니
10 유대인들이 병 나은 사람에게 이르되
안식일인데 네가 자리를 들고 가는
것이 옳지 아니하니라
11 대답하되 나를 낫게 한 그가 자리를
들고 걸어가라 하더라 하니
12 그들이 묻되 너에게 자리를 들고 걸
어가라 한 사람이 누구냐 하되
13 고침을 받은 사람은 그가 누구인지
알지 못하니 이는 거기 사람이 많으
므로 예수께서 이미 피하셨음이라

4】
5】
6】
7】
8】
9】
10】
11】
12】
13】

14 그 후에 예수께서 성전에서 그 사람
을 만나 이르시되 보라 네가 나았으
니 더 심한 것이 생기지 않게 다시는
죄를 범하지 말라 하시니
15 그 사람이 유대인들에게 가서 자기를
고친 이는 예수라 하니라
16 그러므로 안식일에 이러한 일을 행하
신다 하여 유대인들이 예수를 박해하
게 된지라
17 예수께서 그들에게 이르시되 내 아버
지께서 이제까지 일하시니 나도 일한
다 하시매
18 유대인들이 이로 말미암아 더욱 예수
를 죽이고자 하니 이는 안식일을 범
할 뿐만 아니라 하나님을 자기의 친
아버지라 하여 자기를 하나님과 동등
으로 삼으심이러라

아들의 권한

19 ○ 그러므로 예수께서 그들에게 이르
시되 내가 진실로 진실로 너희에게 이
르노니 아들이 아버지께서 하시는 일
을 보지 않고는 아무 것도 스스로 할
수 없나니 아버지께서 행하시는 그것
을 아들도 그와 같이 행하느니라
20 아버지께서 아들을 사랑하사 자기가
행하시는 것을 다 아들에게 보이시고
또 그보다 더 큰 일을 보이사 너희로

14】

15】

16】

17】

18】

19】

20】

놀랍게 여기게 하시리라
21 아버지께서 죽은 자들을 일으켜 살리
심 같이 아들도 자기가 원하는 자들
을 살리느니라
22 아버지께서 아무도 심판하지 아니하
시고 심판을 다 아들에게 맡기셨으니
23 이는 모든 사람으로 아버지를 공경하
는 것 같이 아들을 공경하게 하려 하
심이라 아들을 공경하지 아니하는 자
는 그를 보내신 아버지도 공경하지
아니하느니라
24 내가 진실로 진실로 너희에게 이르노
니 내 말을 듣고 또 나 보내신 이를 믿
는 자는 영생을 얻었고 심판에 이르
지 아니하나니 사망에서 생명으로 옮
겼느니라
25 진실로 진실로 너희에게 이르노니 죽
은 자들이 하나님의 아들의 음성을
들을 때가 오나니 곧 이 때라 듣는 자
는 살아나리라
26 아버지께서 자기 속에 생명이 있음
같이 아들에게도 생명을 주어 그 속
에 있게 하셨고
27 또 인자됨으로 말미암아 심판하는 권
한을 주셨느니라
28 이를 놀랍게 여기지 말라 무덤 속에
있는 자가 다 그의 음성을 들을 때가

21】

22】

23】

24】

25】

26】

27】

28】

오나니
29 선한 일을 행한 자는 생명의 부활로,
악한 일을 행한 자는 심판의 부활로
나오리라

예수를 믿게 하는 증언

30 ○ 내가 아무 것도 스스로 할 수 없노라
듣는 대로 심판하노니 나는 나의 뜻대로
하려 하지 않고 나를 보내신 이의 뜻대
로 하려 하므로 내 심판은 의로우니라
31 내가 만일 나를 위하여 증언하면 내
증언은 참되지 아니하되
32 나를 위하여 증언하시는 이가 따로
있으니 나를 위하여 증언하시는 그
증언이 참인 줄 아노라
33 너희가 요한에게 사람을 보내매 요한
이 진리에 대하여 증언하였느니라
34 그러나 나는 사람에게서 증언을 취하
지 아니하노라 다만 이 말을 하는 것은
너희로 구원을 받게 하려 함이니라
35 요한은 켜서 비추이는 등불이라 너희
가 한때 그 빛에 즐거이 있기를 원하
였거니와
36 내게는 요한의 증거보다 더 큰 증거
가 있으니 아버지께서 내게 주사 이
루게 하시는 역사 곧 내가 하는 그 역
사가 아버지께서 나를 보내신 것을
나를 위하여 증언하는 것이요

29】

30】

31】

32】

33】

34】

35】

36】

37 또한 나를 보내신 아버지께서 친히
나를 위하여 증언하셨느니라 너희는
아무 때에도 그 음성을 듣지 못하였
고 그 형상을 보지 못하였으며
38 그 말씀이 너희 속에 거하지 아니하니 이
는 그가 보내신 이를 믿지 아니함이라
39 너희가 성경에서 영생을 얻는 줄 생각
하고 성경을 연구하거니와 이 성경이
곧 내게 대하여 증언하는 것이니라
40 그러나 너희가 영생을 얻기 위하여
내게 오기를 원하지 아니하는도다
41 나는 사람에게서 영광을 취하지 아니
하노라
42 다만 하나님을 사랑하는 것이 너희
속에 없음을 알았노라
43 나는 내 아버지의 이름으로 왔으매 너
희가 영접하지 아니하나 만일 다른 사
람이 자기 이름으로 오면 영접하리라
44 너희가 서로 영광을 취하고 유일하신
하나님께로부터 오는 영광은 구하지
아니하니 어찌 나를 믿을 수 있느냐
45 내가 너희를 아버지께 고발할까 생각
하지 말라 너희를 고발하는 이가 있
으니 곧 너희가 바라는 자 모세니라
46 모세를 믿었더라면 또 나를 믿었으리
니 이는 그가 내게 대하여 기록하였
음이라

37】

38】

39】

40】

41】

42】

43】

44】

45】

46】

47 그러나 그의 글도 믿지 아니하거든
어찌 내 말을 믿겠느냐 하시니라

47】

오천명을 먹이시다
(마 14:13-21; 막 6:30-44; 눅 9:10-17)

6 1 그 후에 예수께서 디베랴의 갈릴리
바다 건너편으로 가시매
2 큰 무리가 따르니 이는 병자들에게
행하시는 표적을 보았음이러라
3 예수께서 산에 오르사 제자들과 함께
거기 앉으시니
4 마침 유대인의 명절인 유월절이 가까
운지라
5 예수께서 눈을 들어 큰 무리가 자기
에게로 오는 것을 보시고 빌립에게
이르시되 우리가 어디서 떡을 사서
이 사람들을 먹이겠느냐 하시니
6 이렇게 말씀하심은 친히 어떻게 하실
지를 아시고 빌립을 시험하고자 하심
이라
7 빌립이 대답하되 각 사람으로 조금씩
받게 할지라도 이백 데나리온의 떡이
부족하리이다
8 제자 중 하나 곧 시몬 베드로의 형제
안드레가 예수께 여짜오되
9 여기 한 아이가 있어 보리떡 다섯 개
와 물고기 두 마리를 가지고 있나이
다 그러나 그것이 이 많은 사람에게

1】
2】
3】
4】
5】
6】
7】
8】
9】

년 월 일

얼마나 되겠사옵나이까
10 예수께서 이르시되 이 사람들로 앉게 10】
하라 하시니 그 곳에 잔디가 많은지
라 사람들이 앉으니 수가 오천 명쯤
되더라
11 예수께서 떡을 가져 축사하신 후에 앉 11】
아 있는 자들에게 나눠 주시고 물고기
도 그렇게 그들의 원대로 주시니라
12 그들이 배부른 후에 예수께서 제자 12】
들에게 이르시되 남은 조각을 거두고
버리는 것이 없게 하라 하시므로
13 이에 거두니 보리떡 다섯 개로 먹고 13】
남은 조각이 열두 바구니에 찼더라
14 그 사람들이 예수께서 행하신 이 표 14】
적을 보고 말하되 이는 참으로 세상
에 오실 그 선지자라 하더라
15 그러므로 예수께서 그들이 와서 자기 15】
를 억지로 붙들어 임금으로 삼으려는
줄 아시고 다시 혼자 산으로 떠나 가
시니라

바다 위로 걸어오시다(마 14:22-27; 막 6:45-52)

16 ○ 저물매 제자들이 바다에 내려가서 16】
17 배를 타고 바다를 건너 가버나움으로 17】
가는데 이미 어두웠고 예수는 아직
그들에게 오시지 아니하셨더니
18 큰 바람이 불어 파도가 일어나더라 18】
19 제자들이 노를 저어 십여 리쯤 가다 19】

가 예수께서 바다 위로 걸어 배에 가
까이 오심을 보고 두려워하거늘
20 이르시되 내니 두려워하지 말라 하신대
21 이에 기뻐서 배로 영접하니 배는 곧
그들이 가려던 땅에 이르렀더라

생명의 떡

22 ○ 이튿날 바다 건너편에 서 있던 무
리가 배 한 척 외에 다른 배가 거기 없
는 것과 또 어제 예수께서 제자들과
함께 그 배에 오르지 아니하시고 제
자들만 가는 것을 보았더니
23 (그러나 디베랴에서 배들이 주께서
축사하신 후 여럿이 떡 먹던 그 곳에
가까이 왔더라)
24 무리가 거기에 예수도 안 계시고 제
자들도 없음을 보고 곧 배들을 타고
예수를 찾으러 가버나움으로 가서
25 바다 건너편에서 만나 랍비여 언제
여기 오셨나이까 하니
26 예수께서 대답하여 이르시되 내가 진
실로 진실로 너희에게 이르노니 너희
가 나를 찾는 것은 표적을 본 까닭이
아니요 떡을 먹고 배부른 까닭이로다
27 썩을 양식을 위하여 일하지 말고 영
생하도록 있는 양식을 위하여 하라
이 양식은 인자가 너희에게 주리니
인자는 아버지 하나님께서 인치신 자

20】
21】
22】
23】
24】
25】
26】
27】

니라
28 그들이 묻되 우리가 어떻게 하여야
하나님의 일을 하오리이까
29 예수께서 대답하여 이르시되 하나님
께서 보내신 이를 믿는 것이 하나님
의 일이니라 하시니
30 그들이 묻되 그러면 우리가 보고 당
신을 믿도록 행하시는 표적이 무엇이
니이까, 하시는 일이 무엇이니이까
31 기록된 바 하늘에서 그들에게 떡을
주어 먹게 하였다 함과 같이 우리 조
상들은 광야에서 만나를 먹었나이다
32 예수께서 이르시되 내가 진실로 진실
로 너희에게 이르노니 모세가 너희에
게 하늘로부터 떡을 준 것이 아니라
내 아버지께서 너희에게 하늘로부터
참 떡을 주시나니
33 하나님의 떡은 하늘에서 내려 세상에
생명을 주는 것이니라
34 그들이 이르되 주여 이 떡을 항상 우
리에게 주소서
35 예수께서 이르시되 나는 생명의 떡이
니 내게 오는 자는 결코 주리지 아니
할 터이요 나를 믿는 자는 영원히 목
마르지 아니하리라
36 그러나 내가 너희에게 이르기를 너
희는 나를 보고도 믿지 아니하는도다

28】

29】

30】

31】

32】

33】

34】

35】

36】

하였느니라
37 아버지께서 내게 주시는 자는 다 내
게로 올 것이요 내게 오는 자는 내가
결코 내쫓지 아니하리라
38 내가 하늘에서 내려온 것은 내 뜻을
행하려 함이 아니요 나를 보내신 이
의 뜻을 행하려 함이니라
39 나를 보내신 이의 뜻은 내게 주신 자 중
에 내가 하나도 잃어버리지 아니하고
마지막 날에 다시 살리는 이것이니라
40 내 아버지의 뜻은 아들을 보고 믿는
자마다 영생을 얻는 이것이니 마지막
날에 내가 이를 다시 살리리라 하시
니라
41 ○ 자기가 하늘에서 내려온 떡이라
하시므로 유대인들이 예수에 대하여
수군거려
42 이르되 이는 요셉의 아들 예수가 아니냐
그 부모를 우리가 아는데 자기가 지금
어찌하여 하늘에서 내려왔다 하느냐
43 예수께서 대답하여 이르시되 너희는
서로 수군거리지 말라
44 나를 보내신 아버지께서 이끌지 아니
하시면 아무도 내게 올 수 없으니 오는
그를 내가 마지막 날에 다시 살리리라
45 선지자의 글에 그들이 다 하나님의
가르치심을 받으리라 기록되었은즉

37】

38】

39】

40】

41】

42】

43】

44】

45】

아버지께 듣고 배운 사람마다 내게로
오느니라
46 이는 아버지를 본 자가 있다는 것이
아니니라 오직 하나님에게서 온 자만
아버지를 보았느니라
47 진실로 진실로 너희에게 이르노니 믿
는 자는 영생을 가졌나니
48 내가 곧 생명의 떡이니라
49 너희 조상들은 광야에서 만나를 먹었
어도 죽었거니와
50 이는 하늘에서 내려오는 떡이니 사람
으로 하여금 먹고 죽지 아니하게 하
는 것이니라
51 나는 하늘에서 내려온 살아 있는 떡
이니 사람이 이 떡을 먹으면 영생하
리라 내가 줄 떡은 곧 세상의 생명을
위한 내 살이니라 하시니라
52 ○ 그러므로 유대인들이 서로 다투어
이르되 이 사람이 어찌 능히 자기 살
을 우리에게 주어 먹게 하겠느냐
53 예수께서 이르시되 내가 진실로 진실
로 너희에게 이르노니 인자의 살을 먹
지 아니하고 인자의 피를 마시지 아니
하면 너희 속에 생명이 없느니라
54 내 살을 먹고 내 피를 마시는 자는 영
생을 가졌고 마지막 날에 내가 그를
다시 살리리니

46】
47】
48】
49】
50】
51】
52】
53】
54】

55 내 살은 참된 양식이요 내 피는 참된
음료로다
56 내 살을 먹고 내 피를 마시는 자는 내
안에 거하고 나도 그의 안에 거하나니
57 살아 계신 아버지께서 나를 보내시매
내가 아버지로 말미암아 사는 것 같
이 나를 먹는 그 사람도 나로 말미암
아 살리라
58 이것은 하늘에서 내려온 떡이니 조상
들이 먹고도 죽은 그것과 같지 아니하
여 이 떡을 먹는 자는 영원히 살리라
59 이 말씀은 예수께서 가버나움 회당에
서 가르치실 때에 하셨느니라

영생의 말씀

60 ○ 제자 중 여럿이 듣고 말하되 이 말씀
은 어렵도다 누가 들을 수 있느냐 한대
61 예수께서 스스로 제자들이 이 말씀에
대하여 수군거리는 줄 아시고 이르시
되 이 말이 너희에게 걸림이 되느냐
62 그러면 너희는 인자가 이전에 있던
곳으로 올라가는 것을 본다면 어떻게
하겠느냐
63 살리는 것은 영이니 육은 무익하니라
내가 너희에게 이른 말은 영이요 생
명이라
64 그러나 너희 중에 믿지 아니하는 자들
이 있느니라 하시니 이는 예수께서 믿

55】

56】

57】

58】

59】

60】

61】

62】

63】

64】

지 아니하는 자들이 누구며 자기를 팔
자가 누구인지 처음부터 아심이러라
65 또 이르시되 그러므로 전에 너희에게
말하기를 내 아버지께서 오게 하여
주지 아니하시면 누구든지 내게 올
수 없다 하였노라 하시니라
66 ○ 그 때부터 그의 제자 중에서 많은
사람이 떠나가고 다시 그와 함께 다
니지 아니하더라
67 예수께서 열두 제자에게 이르시되 너
희도 가려느냐
68 시몬 베드로가 대답하되 주여 영생의
말씀이 주께 있사오니 우리가 누구에
게로 가오리이까
69 우리가 주는 하나님의 거룩하신 자이
신 줄 믿고 알았사옵나이다
70 예수께서 대답하시되 내가 너희 열둘
을 택하지 아니하였느냐 그러나 너희
중의 한 사람은 마귀니라 하시니
71 이 말씀은 가룟 시몬의 아들 유다를
가리키심이라 그는 열둘 중의 하나로
예수를 팔 자러라

65】

66】

67】

68】

69】

70】

71】

형제들까지도 예수를 믿지 아니하다

7
1 그 후에 예수께서 갈릴리에서 다
니시고 유대에서 다니려 아니하심
은 유대인들이 죽이려 함이러라

1】

2 유대인의 명절인 초막절이 가까운지라

3 그 형제들이 예수께 이르되 당신이
행하는 일을 제자들도 보게 여기를
떠나 유대로 가소서

4 스스로 나타나기를 구하면서 묻혀서 일
하는 사람이 없나니 이 일을 행하려 하
거든 자신을 세상에 나타내소서 하니

5 이는 그 형제들까지도 예수를 믿지
아니함이러라

6 예수께서 이르시되 내 때는 아직 이
르지 아니하였거니와 너희 때는 늘
준비되어 있느니라

7 세상이 너희를 미워하지 아니하되 나
를 미워하나니 이는 내가 세상의 일
들을 악하다고 증언함이라

8 너희는 명절에 올라가라 내 때가 아
직 차지 못하였으니 나는 이 명절에
아직 올라가지 아니하노라

9 이 말씀을 하시고 갈릴리에 머물러
계시니라

명절을 지키러 올라가시다

10 ○ 그 형제들이 명절에 올라간 후에
자기도 올라가시되 나타내지 않고 은
밀히 가시니라

11 명절중에 유대인들이 예수를 찾으면
서 그가 어디 있느냐 하고

12 예수에 대하여 무리 중에서 수군거림

2】

3】

4】

5】

6】

7】

8】

9】

10】

11】

12】

년 월 일

이 많아 어떤 사람은 좋은 사람이라
하며 어떤 사람은 아니라 무리를 미
혹한다 하나
13 그러나 유대인들을 두려워하므로 드러
나게 그에 대하여 말하는 자가 없더라
14 ○ 이미 명절의 중간이 되어 예수께
서 성전에 올라가사 가르치시니
15 유대인들이 놀랍게 여겨 이르되 이
사람은 배우지 아니하였거늘 어떻게
글을 아느냐 하니
16 예수께서 대답하여 이르시되 내 교훈
은 내 것이 아니요 나를 보내신 이의
것이니라
17 사람이 하나님의 뜻을 행하려 하면
이 교훈이 하나님께로부터 왔는지 내
가 스스로 말함인지 알리라
18 스스로 말하는 자는 자기 영광만 구
하되 보내신 이의 영광을 구하는 자
는 참되니 그 속에 불의가 없느니라
19 모세가 너희에게 율법을 주지 아니하
였느냐 너희 중에 율법을 지키는 자
가 없도다 너희가 어찌하여 나를 죽
이려 하느냐
20 무리가 대답하되 당신은 귀신이 들렸
도다 누가 당신을 죽이려 하나이까
21 예수께서 대답하여 이르시되 내가 한
가지 일을 행하매 너희가 다 이로 말

13】
14】
15】
16】
17】
18】
19】
20】
21】

미암아 이상히 여기는도다
22 모세가 너희에게 할례를 행했으니 (그
러나 할례는 모세에게서 난 것이 아니
요 조상들에게서 난 것이라) 그러므로
너희가 안식일에도 사람에게 할례를
행하느니라
23 모세의 율법을 범하지 아니하려고 사
람이 안식일에도 할례를 받는 일이
있거든 내가 안식일에 사람의 전신을
건전하게 한 것으로 너희가 내게 노
여워하느냐
24 외모로 판단하지 말고 공의롭게 판단
하라 하시니라

예수를 잡고자 하나

25 ○ 예루살렘 사람 중에서 어떤 사람
이 말하되 이는 그들이 죽이고자 하
는 그 사람이 아니냐
26 보라 드러나게 말하되 그들이 아무 말
도 아니하는도다 당국자들은 이 사람
을 참으로 그리스도인 줄 알았는가
27 그러나 우리는 이 사람이 어디서 왔
는지 아노라 그리스도께서 오실 때에
는 어디서 오시는지 아는 자가 없으
리라 하는지라
28 예수께서 성전에서 가르치시며 외쳐
이르시되 너희가 나를 알고 내가 어
디서 온 것도 알거니와 내가 스스로

22】

23】

24】

25】

26】

27】

28】

온 것이 아니니라 나를 보내신 이는
참되시니 너희는 그를 알지 못하나
29 나는 아노니 이는 내가 그에게서 났
고 그가 나를 보내셨음이라 하시니
30 그들이 예수를 잡고자 하나 손을 대
는 자가 없으니 이는 그의 때가 아직
이르지 아니하였음이러라
31 무리 중의 많은 사람이 예수를 믿고
말하되 그리스도께서 오실지라도 그
행하실 표적이 이 사람이 행한 것보
다 더 많으랴 하니
32 예수에 대하여 무리가 수군거리는 것
이 바리새인들에게 들린지라 대제사
장들과 바리새인들이 그를 잡으려고
아랫사람들을 보내니
33 예수께서 이르시되 내가 너희와 함께
조금 더 있다가 나를 보내신 이에게
로 돌아가겠노라
34 너희가 나를 찾아도 만나지 못할 터
이요 나 있는 곳에 오지도 못하리라
하시니
35 이에 유대인들이 서로 묻되 이 사람이
어디로 가기에 우리가 그를 만나지 못
하리요 헬라인 중에 흩어져 사는 자들
에게로 가서 헬라인을 가르칠 터인가
36 나를 찾아도 만나지 못할 터이요 나
있는 곳에 오지도 못하리라 한 이 말

29】

30】

31】

32】

33】

34】

35】

36】

이 무슨 말이냐 하니라

배에서 생수의 강이 흘러나오리라

37 ○ 명절 끝날 곧 큰 날에 예수께서 서
서 외쳐 이르시되 누구든지 목마르거
든 내게로 와서 마시라
38 나를 믿는 자는 성경에 이름과 같이
그 배에서 생수의 강이 흘러나오리라
하시니
39 이는 그를 믿는 자들이 받을 성령을
가리켜 말씀하신 것이라(예수께서 아
직 영광을 받지 않으셨으므로 성령이
아직 그들에게 계시지 아니하시더라)
40 이 말씀을 들은 무리 중에서 어떤 사람
은 이 사람이 참으로 그 선지자라 하며
41 어떤 사람은 그리스도라 하며 어떤
이들은 그리스도가 어찌 갈릴리에서
나오겠느냐
42 성경에 이르기를 그리스도는 다윗의
씨로 또 다윗이 살던 마을 베들레헴에
서 나오리라 하지 아니하였느냐 하며
43 예수로 말미암아 무리 중에서 쟁론이
되니
44 그 중에는 그를 잡고자 하는 자들도
있으나 손을 대는 자가 없었더라

대제사장들과 바리새인들은 믿지 않다

45 ○ 아랫사람들이 대제사장들과 바리
새인들에게로 오니 그들이 묻되 어찌

37】

38】

39】

40】

41】

42】

43】

44】

45】

하여 잡아오지 아니하였느냐
46 아랫사람들이 대답하되 그 사람이 말
하는 것처럼 말한 사람은 이 때까지
없었나이다 하니
47 바리새인들이 대답하되 너희도 미혹
되었느냐
48 당국자들이나 바리새인 중에 그를 믿
는 자가 있느냐
49 율법을 알지 못하는 이 무리는 저주
를 받은 자로다
50 그 중의 한 사람 곧 전에 예수께 왔던
니고데모가 그들에게 말하되
51 우리 율법은 사람의 말을 듣고 그 행
한 것을 알기 전에 심판하느냐
52 그들이 대답하여 이르되 너도 갈릴리
에서 왔느냐 찾아 보라 갈릴리에서는
선지자가 나지 못하느니라 하였더라

음행중에 잡혀온 여자가 용서 받다

53 [다 각각 집으로 돌아가고

8

1 예수는 감람 산으로 가시니라
2 아침에 다시 성전으로 들어오시니
백성이 다 나아오는지라 앉으사 그들
을 가르치시더니
3 서기관들과 바리새인들이 음행중에
잡힌 여자를 끌고 와서 가운데 세우고
4 예수께 말하되 선생이여 이 여자가

46】

47】

48】

49】

50】

51】

52】

53】

1】

2】

3】

4】

간음하다가 현장에서 잡혔나이다
5 모세는 율법에 이러한 여자를 돌로
치라 명하였거니와 선생은 어떻게 말
하겠나이까
6 그들이 이렇게 말함은 고발할 조건을
얻고자 하여 예수를 시험함이러라 예
수께서 몸을 굽히사 손가락으로 땅에
쓰시니
7 그들이 묻기를 마지 아니하는지라 이
에 일어나 이르시되 너희 중에 죄 없
는 자가 먼저 돌로 치라 하시고
8 다시 몸을 굽혀 손가락으로 땅에 쓰
시니
9 그들이 이 말씀을 듣고 양심에 가책
을 느껴 어른으로 시작하여 젊은이까
지 하나씩 하나씩 나가고 오직 예수
와 그 가운데 섰는 여자만 남았더라
10 예수께서 일어나사 여자 외에 아무도
없는 것을 보시고 이르시되 여자여 너
를 고발하던 그들이 어디 있느냐 너를
정죄한 자가 없느냐
11 대답하되 주여 없나이다 예수께서 이
르시되 나도 너를 정죄하지 아니하노
니 가서 다시는 죄를 범하지 말라 하
시니라]

나는 세상의 빛

12 ○ 예수께서 또 말씀하여 이르시되

5】
6】
7】
8】
9】
10】
11】
12】

나는 세상의 빛이니 나를 따르는 자
는 어둠에 다니지 아니하고 생명의
빛을 얻으리라
13 바리새인들이 이르되 네가 너를 위하
여 증언하니 네 증언은 참되지 아니
하도다
14 예수께서 대답하여 이르시되 내가 나
를 위하여 증언하여도 내 증언이 참되
니 나는 내가 어디서 오며 어디로 가는
것을 알거니와 너희는 내가 어디서 오
며 어디로 가는 것을 알지 못하느니라
15 너희는 육체를 따라 판단하나 나는
아무도 판단하지 아니하노라
16 만일 내가 판단하여도 내 판단이 참되
니 이는 내가 혼자 있는 것이 아니요
나를 보내신 이가 나와 함께 계심이라
17 너희 율법에도 두 사람의 증언이 참
되다 기록되었으니
18 내가 나를 위하여 증언하는 자가 되
고 나를 보내신 아버지도 나를 위하
여 증언하시느니라
19 이에 그들이 묻되 네 아버지가 어디
있느냐 예수께서 대답하시되 너희는
나를 알지 못하고 내 아버지도 알지
못하는도다 나를 알았더라면 내 아버
지도 알았으리라
20 이 말씀은 성전에서 가르치실 때에

13】

14】

15】

16】

17】

18】

19】

20】

헌금함 앞에서 하셨으나 잡는 사람이
없으니 이는 그의 때가 아직 이르지
아니하였음이러라

내가 가는 곳

21 ○ 다시 이르시되 내가 가리니 너희가
나를 찾다가 너희 죄 가운데서 죽겠고 내
가 가는 곳에는 너희가 오지 못하리라
22 유대인들이 이르되 그가 말하기를 내
가 가는 곳에는 너희가 오지 못하리
라 하니 그가 자결하려는가
23 예수께서 이르시되 너희는 아래에서
났고 나는 위에서 났으며 너희는 이
세상에 속하였고 나는 이 세상에 속
하지 아니하였느니라
24 그러므로 내가 너희에게 말하기를 너
희가 너희 죄 가운데서 죽으리라 하였
노라 너희가 만일 내가 그인 줄 믿지
아니하면 너희 죄 가운데서 죽으리라
25 그들이 말하되 네가 누구냐 예수께서
이르시되 나는 처음부터 너희에게 말
하여 온 자니라
26 내가 너희에게 대하여 말하고 판단할
것이 많으나 나를 보내신 이가 참되
시매 내가 그에게 들은 그것을 세상
에 말하노라 하시되
27 그들은 아버지를 가리켜 말씀하신 줄
을 깨닫지 못하더라

21】

22】

23】

24】

25】

26】

27】

28 이에 예수께서 이르시되 너희가 인자
를 든 후에 내가 그인 줄을 알고 또 내
가 스스로 아무 것도 하지 아니하고
오직 아버지께서 가르치신 대로 이런
것을 말하는 줄도 알리라
29 나를 보내신 이가 나와 함께 하시도다
나는 항상 그가 기뻐하시는 일을 행하
므로 나를 혼자 두지 아니하셨느니라
30 이 말씀을 하시매 많은 사람이 믿더라

진리가 너희를 자유롭게 하리라

31 ○ 그러므로 예수께서 자기를 믿은
유대인들에게 이르시되 너희가 내 말
에 거하면 참으로 내 제자가 되고
32 진리를 알지니 진리가 너희를 자유롭
게 하리라
33 그들이 대답하되 우리가 아브라함의
자손이라 남의 종이 된 적이 없거늘
어찌하여 우리가 자유롭게 되리라 하
느냐
34 예수께서 대답하시되 진실로 진실로
너희에게 이르노니 죄를 범하는 자마
다 죄의 종이라
35 종은 영원히 집에 거하지 못하되 아
들은 영원히 거하나니
36 그러므로 아들이 너희를 자유롭게 하
면 너희가 참으로 자유로우리라
37 나도 너희가 아브라함의 자손인 줄 아

28】

29】

30】

31】

32】

33】

34】

35】

36】

37】

노라 그러나 내 말이 너희 안에 있을
곳이 없으므로 나를 죽이려 하는도다
38 나는 내 아버지에게서 본 것을 말하
고 너희는 너희 아비에게서 들은 것
을 행하느니라
39 대답하여 이르되 우리 아버지는 아브
라함이라 하니 예수께서 이르시되 너
희가 아브라함의 자손이면 아브라함
이 행한 일들을 할 것이거늘
40 지금 하나님께 들은 진리를 너희에게
말한 사람인 나를 죽이려 하는도다 아
브라함은 이렇게 하지 아니하였느니라
41 너희는 너희 아비가 행한 일들을 하
는도다 대답하되 우리가 음란한 데서
나지 아니하였고 아버지는 한 분뿐이
시니 곧 하나님이시로다
42 예수께서 이르시되 하나님이 너희 아
버지였으면 너희가 나를 사랑하였으
리니 이는 내가 하나님께로부터 나와
서 왔음이라 나는 스스로 온 것이 아니
요 아버지께서 나를 보내신 것이니라
43 어찌하여 내 말을 깨닫지 못하느냐 이
는 내 말을 들을 줄 알지 못함이로다
44 너희는 너희 아비 마귀에게서 났으니
너희 아비의 욕심대로 너희도 행하고
자 하느니라 그는 처음부터 살인한 자
요 진리가 그 속에 없으므로 진리에

38】

39】

40】

41】

42】

43】

44】

서지 못하고 거짓을 말할 때마다 제
것으로 말하나니 이는 그가 거짓말쟁
이요 거짓의 아비가 되었음이라
45 내가 진리를 말하므로 너희가 나를
믿지 아니하는도다
46 너희 중에 누가 나를 죄로 책잡겠느
냐 내가 진리를 말하는데도 어찌하여
나를 믿지 아니하느냐
47 하나님께 속한 자는 하나님의 말씀을
듣나니 너희가 듣지 아니함은 하나님
께 속하지 아니하였음이로다
48 유대인들이 대답하여 이르되 우리가
너를 사마리아 사람이라 또는 귀신이
들렸다 하는 말이 옳지 아니하냐
49 예수께서 대답하시되 나는 귀신 들린
것이 아니라 오직 내 아버지를 공경
함이거늘 너희가 나를 무시하는도다
50 나는 내 영광을 구하지 아니하나 구
하고 판단하시는 이가 계시니라
51 진실로 진실로 너희에게 이르노니 사
람이 내 말을 지키면 영원히 죽음을
보지 아니하리라
52 유대인들이 이르되 지금 네가 귀신
들린 줄을 아노라 아브라함과 선지자
들도 죽었거늘 네 말은 사람이 내 말
을 지키면 영원히 죽음을 맛보지 아
니하리라 하니

45】

46】

47】

48】

49】

50】

51】

52】

53 너는 이미 죽은 우리 조상 아브라함
보다 크냐 또 선지자들도 죽었거늘
너는 너를 누구라 하느냐
54 예수께서 대답하시되 내가 내게 영광
을 돌리면 내 영광이 아무 것도 아니거
니와 내게 영광을 돌리시는 이는 내 아
버지시니 곧 너희가 너희 하나님이라
칭하는 그이시라
55 너희는 그를 알지 못하되 나는 아노
니 만일 내가 알지 못한다 하면 나도
너희 같이 거짓말쟁이가 되리라 나는
그를 알고 또 그의 말씀을 지키노라
56 너희 조상 아브라함은 나의 때 볼 것을
즐거워하다가 보고 기뻐하였느니라
57 유대인들이 이르되 네가 아직 오십 세
도 못되었는데 아브라함을 보았느냐
58 예수께서 이르시되 진실로 진실로 너
희에게 이르노니 아브라함이 나기 전
부터 내가 있느니라 하시니
59 그들이 돌을 들어 치려 하거늘 예수
께서 숨어 성전에서 나가시니라

53】

54】

55】

56】

57】

58】

59】

날 때부터 맹인 된 사람을 고치시다

9

1 예수께서 길을 가실 때에 날 때부
터 맹인 된 사람을 보신지라
2 제자들이 물어 이르되 랍비여 이 사
람이 맹인으로 난 것이 누구의 죄로

1】

2】

년 월 일

인함이니이까 자기니이까 그의 부모
니이까
3 예수께서 대답하시되 이 사람이나 그
부모의 죄로 인한 것이 아니라 그에
게서 하나님이 하시는 일을 나타내고
자 하심이라
4 때가 아직 낮이매 나를 보내신 이의
일을 우리가 하여야 하리라 밤이 오리
니 그 때는 아무도 일할 수 없느니라
5 내가 세상에 있는 동안에는 세상의
빛이로라
6 이 말씀을 하시고 땅에 침을 뱉어 진
흙을 이겨 그의 눈에 바르시고
7 이르시되 실로암 못에 가서 씻으라
하시니(실로암은 번역하면 보냄을 받
았다는 뜻이라)) 이에 가서 씻고 밝
은 눈으로 왔더라
8 이웃 사람들과 전에 그가 걸인인 것
을 보았던 사람들이 이르되 이는 앉
아서 구걸하던 자가 아니냐
9 어떤 사람은 그 사람이라 하며 어떤
사람은 아니라 그와 비슷하다 하거늘
자기 말은 내가 그라 하니
10 그들이 묻되 그러면 네 눈이 어떻게
떠졌느냐
11 대답하되 예수라 하는 그 사람이 진
흙을 이겨 내 눈에 바르고 나더러 실

3】

4】

5】

6】

7】

8】

9】

10】

11】

로암에 가서 씻으라 하기에 가서 씻
었더니 보게 되었노라
12 그들이 이르되 그가 어디 있느냐 이
르되 알지 못하노라 하니라

보게 된 맹인과 바리새인들

13 ○ 그들이 전에 맹인이었던 사람을
데리고 바리새인들에게 갔더라
14 예수께서 진흙을 이겨 눈을 뜨게 하
신 날은 안식일이라
15 그러므로 바리새인들도 그가 어떻게
보게 되었는지를 물으니 이르되 그
사람이 진흙을 내 눈에 바르매 내가
씻고 보나이다 하니
16 바리새인 중에 어떤 사람은 말하되
이 사람이 안식일을 지키지 아니하니
하나님께로부터 온 자가 아니라 하며
어떤 사람은 말하되 죄인으로서 어떻
게 이러한 표적을 행하겠느냐 하여
그들 중에 분쟁이 있었더니
17 이에 맹인되었던 자에게 다시 묻되
그 사람이 네 눈을 뜨게 하였으니 너
는 그를 어떠한 사람이라 하느냐 대
답하되 선지자니이다 하니
18 유대인들이 그가 맹인으로 있다가 보
게 된 것을 믿지 아니하고 그 부모를
불러 묻되
19 이는 너희 말에 맹인으로 났다 하는

12】

13】

14】

15】

16】

17】

18】

19】

너희 아들이냐 그러면 지금은 어떻게
해서 보느냐
20 그 부모가 대답하여 이르되 이 사람
이 우리 아들인 것과 맹인으로 난 것
을 아나이다
21 그러나 지금 어떻게 해서 보는지 또
는 누가 그 눈을 뜨게 하였는지 우리
는 알지 못하나이다 그에게 물어 보소
서 그가 장성하였으니 자기 일을 말하
리이다
22 그 부모가 이렇게 말한 것은 이미 유
대인들이 누구든지 예수를 그리스도
로 시인하는 자는 출교하기로 결의하
였으므로 그들을 무서워함이러라
23 이러므로 그 부모가 말하기를 그가
장성하였으니 그에게 물어 보소서 하
였더라
24 이에 그들이 맹인이었던 사람을 두
번째 불러 이르되 너는 하나님께 영
광을 돌리라 우리는 이 사람이 죄인
인 줄 아노라
25 대답하되 그가 죄인인지 내가 알지 못
하나 한 가지 아는 것은 내가 맹인으
로 있다가 지금 보는 그것이니이다
26 그들이 이르되 그 사람이 네게 무엇
을 하였느냐 어떻게 네 눈을 뜨게 하
였느냐

20】
21】
22】
23】
24】
25】
26】

27 대답하되 내가 이미 일렀어도 듣지
아니하고 어찌하여 다시 듣고자 하나
이까 당신들도 그의 제자가 되려 하
나이까
28 그들이 욕하여 이르되 너는 그의 제
자이나 우리는 모세의 제자라
29 하나님이 모세에게는 말씀하신 줄을
우리가 알거니와 이 사람은 어디서
왔는지 알지 못하노라
30 그 사람이 대답하여 이르되 이상하다
이 사람이 내 눈을 뜨게 하였으되 당
신들은 그가 어디서 왔는지 알지 못
하는도다
31 하나님이 죄인의 말을 듣지 아니하시
고 경건하여 그의 뜻대로 행하는 자의
말은 들으시는 줄을 우리가 아나이다
32 창세 이후로 맹인으로 난 자의 눈을
뜨게 하였다 함을 듣지 못하였으니
33 이 사람이 하나님께로부터 오지 아니
하였으면 아무 일도 할 수 없으리이다
34 그들이 대답하여 이르되 네가 온전히
죄 가운데서 나서 우리를 가르치느냐
하고 이에 쫓아내어 보내니라

맹인이 되었더라면 죄가 없으려니와

35 ○ 예수께서 그들이 그 사람을 쫓아
냈다 하는 말을 들으셨더니 그를 만
나사 이르시되 네가 인자를 믿느냐

27】

28】

29】

30】

31】

32】

33】

34】

35】

36 대답하여 이르되 주여 그가 누구시오
니이까 내가 믿고자 하나이다
37 예수께서 이르시되 네가 그를 보았거
니와 지금 너와 말하는 자가 그이니라
38 이르되 주여 내가 믿나이다 하고 절
하는지라
39 예수께서 이르시되 내가 심판하러 이
세상에 왔으니 보지 못하는 자들은
보게 하고 보는 자들은 맹인이 되게
하려 함이라 하시니
40 바리새인 중에 예수와 함께 있던 자
들이 이 말씀을 듣고 이르되 우리도
맹인인가
41 예수께서 이르시되 너희가 맹인이 되
었더라면 죄가 없으려니와 본다고 하
니 너희 죄가 그대로 있느니라

36】

37】

38】

39】

40】

41】

양의 우리 비유

10 1 내가 진실로 진실로 너희에게 이
르노니 문을 통하여 양의 우리에
들어가지 아니하고 다른 데로 넘어가
는 자는 절도며 강도요
2 문으로 들어가는 이는 양의 목자라
3 문지기는 그를 위하여 문을 열고 양은
그의 음성을 듣나니 그가 자기 양의
이름을 각각 불러 인도하여 내느니라
4 자기 양을 다 내놓은 후에 앞서 가면

1】

2】

3】

4】

양들이 그의 음성을 아는 고로 따라
오되
5 타인의 음성은 알지 못하는 고로 타
인을 따르지 아니하고 도리어 도망하
느니라
6 예수께서 이 비유로 그들에게 말씀하
셨으나 그들은 그가 하신 말씀이 무
엇인지 알지 못하니라

선한 목자

7 ○ 그러므로 예수께서 다시 이르시되
내가 진실로 진실로 너희에게 말하노
니 나는 양의 문이라
8 나보다 먼저 온 자는 다 절도요 강도
니 양들이 듣지 아니하였느니라
9 내가 문이니 누구든지 나로 말미암아
들어가면 구원을 받고 또는 들어가며
나오며 꼴을 얻으리라
10 도둑이 오는 것은 도둑질하고 죽이고
멸망시키려는 것뿐이요 내가 온 것은
양으로 생명을 얻게 하고 더 풍성히
얻게 하려는 것이라
11 나는 선한 목자라 선한 목자는 양들
을 위하여 목숨을 버리거니와
12 삯꾼은 목자가 아니요 양도 제 양이
아니라 이리가 오는 것을 보면 양을
버리고 달아나나니 이리가 양을 물어
가고 또 헤치느니라

5】

6】

7】

8】

9】

10】

11】

12】

년 월 일

13 달아나는 것은 그가 삯꾼인 까닭에
양을 돌보지 아니함이나
14 나는 선한 목자라 나는 내 양을 알고
양도 나를 아는 것이
15 아버지께서 나를 아시고 내가 아버지
를 아는 것 같으니 나는 양을 위하여
목숨을 버리노라
16 또 이 우리에 들지 아니한 다른 양들
이 내게 있어 내가 인도하여야 할 터
이니 그들도 내 음성을 듣고 한 무리
가 되어 한 목자에게 있으리라
17 내가 내 목숨을 버리는 것은 그것을
내가 다시 얻기 위함이니 이로 말미암
아 아버지께서 나를 사랑하시느니라
18 이를 내게서 빼앗는 자가 있는 것이
아니라 내가 스스로 버리노라 나는
버릴 권세도 있고 다시 얻을 권세도
있으니 이 계명은 내 아버지에게서
받았노라 하시니라
19 ○ 이 말씀으로 말미암아 유대인 중
에 다시 분쟁이 일어나니
20 그 중에 많은 사람이 말하되 그가 귀
신 들려 미쳤거늘 어찌하여 그 말을
듣느냐 하며
21 어떤 사람은 말하되 이 말은 귀신 들
린 자의 말이 아니라 귀신이 맹인의
눈을 뜨게 할 수 있느냐 하더라

13】

14】

15】

16】

17】

18】

19】

20】

21】

유대인들이 예수를 돌로 치려 하다

22 ○ 예루살렘에 수전절이 이르니 때는
겨울이라
23 예수께서 성전 안 솔로몬 행각에서
거니시니
24 유대인들이 에워싸고 이르되 당신이
언제까지나 우리 마음을 의혹하게 하
려 하나이까 그리스도이면 밝히 말씀
하소서 하니
25 예수께서 대답하시되 내가 너희에게
말하였으되 믿지 아니하는도다 내가
내 아버지의 이름으로 행하는 일들이
나를 증거하는 것이거늘
26 너희가 내 양이 아니므로 믿지 아니
하는도다
27 내 양은 내 음성을 들으며 나는 그들
을 알며 그들은 나를 따르느니라
28 내가 그들에게 영생을 주노니 영원히
멸망하지 아니할 것이요 또 그들을
내 손에서 빼앗을 자가 없느니라
29 그들을 주신 내 아버지는 만물보다
크시매 아무도 아버지 손에서 빼앗을
수 없느니라
30 나와 아버지는 하나이니라 하신대
31 유대인들이 다시 돌을 들어 치려 하
거늘
32 예수께서 대답하시되 내가 아버지로

22】

23】

24】

25】

26】

27】

28】

29】

30】

31】

32】

말미암아 여러 가지 선한 일로 너희
에게 보였거늘 그 중에 어떤 일로 나
를 돌로 치려 하느냐
33 유대인들이 대답하되 선한 일로 말미
암아 우리가 너를 돌로 치려는 것이 아
니라 신성모독으로 인함이니 네가 사
람이 되어 자칭 하나님이라 함이로라
34 예수께서 이르시되 너희 율법에 기록
된 바 내가 너희를 신이라 하였노라
하지 아니하였느냐
35 성경은 폐하지 못하나니 하나님의 말
씀을 받은 사람들을 신이라 하셨거든
36 하물며 아버지께서 거룩하게 하사 세
상에 보내신 자가 나는 하나님의 아
들이라 하는 것으로 너희가 어찌 신
성모독이라 하느냐
37 만일 내가 내 아버지의 일을 행하지
아니하거든 나를 믿지 말려니와
38 내가 행하거든 나를 믿지 아니할지라
도 그 일은 믿으라 그러면 너희가 아
버지께서 내 안에 계시고 내가 아버지
안에 있음을 깨달아 알리라 하시니
39 그들이 다시 예수를 잡고자 하였으나
그 손에서 벗어나 나가시니라
40 ○ 다시 요단 강 저편 요한이 처음으로
세례 베풀던 곳에 가사 거기 거하시니
41 많은 사람이 왔다가 말하되 요한은

33】

34】

35】

36】

37】

38】

39】

40】

41】

아무 표적도 행하지 아니하였으나 요
한이 이 사람을 가리켜 말한 것은 다
참이라 하더라
42 그리하여 거기서 많은 사람이 예수를
믿으니라

42】

죽은 나사로를 살리시다

11 1 어떤 병자가 있으니 이는 마리아
와 그 자매 마르다의 마을 베다니
에 사는 나사로라
2 이 마리아는 향유를 주께 붓고 머리
털로 주의 발을 닦던 자요 병든 나사
로는 그의 오라버니더라
3 이에 그 누이들이 예수께 사람을 보
내어 이르되 주여 보시옵소서 사랑하
시는 자가 병들었나이다 하니
4 예수께서 들으시고 이르시되 이 병은
죽을 병이 아니라 하나님의 영광을 위
함이요 하나님의 아들이 이로 말미암
아 영광을 받게 하려 함이라 하시더라
5 예수께서 본래 마르다와 그 동생과
나사로를 사랑하시더니
6 나사로가 병들었다 함을 들으시고 그
계시던 곳에 이틀을 더 유하시고
7 그 후에 제자들에게 이르시되 유대로
다시 가자 하시니
8 제자들이 말하되 랍비여 방금도 유대

1】
2】
3】
4】
5】
6】
7】
8】

인들이 돌로 치려 하였는데 또 그리
로 가시려 하나이까
9 예수께서 대답하시되 낮이 열두 시간
이 아니냐 사람이 낮에 다니면 이 세
상의 빛을 보므로 실족하지 아니하고
10 밤에 다니면 빛이 그 사람 안에 없는
고로 실족하느니라
11 이 말씀을 하신 후에 또 이르시되 우
리 친구 나사로가 잠들었도다 그러나
내가 깨우러 가노라
12 제자들이 이르되 주여 잠들었으면 낫
겠나이다 하더라
13 예수는 그의 죽음을 가리켜 말씀하신
것이나 그들은 잠들어 쉬는 것을 가
리켜 말씀하심인 줄 생각하는지라
14 이에 예수께서 밝히 이르시되 나사로
가 죽었느니라
15 내가 거기 있지 아니한 것을 너희를 위
하여 기뻐하노니 이는 너희로 믿게 하려
함이라 그러나 그에게로 가자 하시니
16 디두모라고도 하는 도마가 다른 제자
들에게 말하되 우리도 주와 함께 죽
으러 가자 하니라

나는 부활이요 생명이니

17 ○ 예수께서 와서 보시니 나사로가
무덤에 있은 지 이미 나흘이라
18 베다니는 예루살렘에서 가깝기가 한

9】

10】

11】

12】

13】

14】

15】

16】

17】

18】

오 리쯤 되매
19 많은 유대인이 마르다와 마리아에게
그 오라비의 일로 위문하러 왔더니
20 마르다는 예수께서 오신다는 말을 듣
고 곧 나가 맞이하되 마리아는 집에
앉았더라
21 마르다가 예수께 여짜오되 주께서 여
기 계셨더라면 내 오라버니가 죽지
아니하였겠나이다
22 그러나 나는 이제라도 주께서 무엇이
든지 하나님께 구하시는 것을 하나님
이 주실 줄을 아나이다
23 예수께서 이르시되 네 오라비가 다시
살아나리라
24 마르다가 이르되 마지막 날 부활 때에
는 다시 살아날 줄을 내가 아나이다
25 예수께서 이르시되 나는 부활이요 생
명이니 나를 믿는 자는 죽어도 살겠고
26 무릇 살아서 나를 믿는 자는 영원히
죽지 아니하리니 이것을 네가 믿느냐
27 이르되 주여 그러하외다 주는 그리스
도시요 세상에 오시는 하나님의 아들
이신 줄 내가 믿나이다
28 이 말을 하고 돌아가서 가만히 그 자
매 마리아를 불러 말하되 선생님이
오셔서 너를 부르신다 하니
29 마리아가 이 말을 듣고 급히 일어나

19】
20】
21】
22】
23】
24】
25】
26】
27】
28】
29】

예수께 나아가매
30 예수는 아직 마을로 들어오지 아니하
시고 마르다가 맞이했던 곳에 그대로
계시더라
31 마리아와 함께 집에 있어 위로하던
유대인들은 그가 급히 일어나 나가는
것을 보고 곡하러 무덤에 가는 줄로
생각하고 따라가더니
32 마리아가 예수 계신 곳에 가서 뵈옵
고 그 발 앞에 엎드리어 이르되 주께
서 여기 계셨더라면 내 오라버니가
죽지 아니하였겠나이다 하더라
33 예수께서 그가 우는 것과 또 함께 온
유대인들이 우는 것을 보시고 심령에
비통히 여기시고 불쌍히 여기사
34 이르시되 그를 어디 두었느냐 이르되
주여 와서 보옵소서 하니
35 예수께서 눈물을 흘리시더라
36 이에 유대인들이 말하되 보라 그를
얼마나 사랑하셨는가 하며
37 그 중 어떤 이는 말하되 맹인의 눈을
뜨게 한 이 사람이 그 사람은 죽지 않
게 할 수 없었더냐 하더라
38 이에 예수께서 다시 속으로 비통히
여기시며 무덤에 가시니 무덤이 굴이
라 돌로 막았거늘
39 예수께서 이르시되 돌을 옮겨 놓으라

30】
31】
32】
33】
34】
35】
36】
37】
38】
39】

하시니 그 죽은 자의 누이 마르다가
이르되 주여 죽은 지가 나흘이 되었
으매 벌써 냄새가 나나이다
40 예수께서 이르시되 내 말이 네가 믿
으면 하나님의 영광을 보리라 하지
아니하였느냐 하시니
41 돌을 옮겨 놓으니 예수께서 눈을 들
어 우러러 보시고 이르시되 아버지여
내 말을 들으신 것을 감사하나이다
42 항상 내 말을 들으시는 줄을 내가 알
았나이다 그러나 이 말씀 하옵는 것
은 둘러선 무리를 위함이니 곧 아버
지께서 나를 보내신 것을 그들로 믿
게 하려 함이니이다
43 이 말씀을 하시고 큰 소리로 나사로
야 나오라 부르시니
44 죽은 자가 수족을 베로 동인 채로 나오
는데 그 얼굴은 수건에 싸였더라 예수
께서 이르시되 풀어 놓아 다니게 하라
하시니라

예수를 죽이려고 모의하다
(마 26:1-5; 막 14:1-2; 눅 22:1-2)

45 ○ 마리아에게 와서 예수께서 하신 일
을 본 많은 유대인이 그를 믿었으나
46 그 중에 어떤 자는 바리새인들에게
가서 예수께서 하신 일을 알리니라
47 ○ 이에 대제사장들과 바리새인들이 공
회를 모으고 이르되 이 사람이 많은 표

40】
41】
42】
43】
44】
45】
46】
47】

적을 행하니 우리가 어떻게 하겠느냐
48 만일 그를 이대로 두면 모든 사람이 그
를 믿을 것이요 그리고 로마인들이 와서
우리 땅과 민족을 빼앗아 가리라 하니
49 그 중의 한 사람 그 해의 대제사장인
가야바가 그들에게 말하되 너희가 아
무 것도 알지 못하는도다
50 한 사람이 백성을 위하여 죽어서 온
민족이 망하지 않게 되는 것이 너희
에게 유익한 줄을 생각하지 아니하는
도다 하였으니
51 이 말은 스스로 함이 아니요 그 해의
대제사장이므로 예수께서 그 민족을
위하시고
52 또 그 민족만 위할 뿐 아니라 흩어진
하나님의 자녀를 모아 하나가 되게
하기 위하여 죽으실 것을 미리 말함
이러라
53 이 날부터는 그들이 예수를 죽이려고
모의하니라
54 ○ 그러므로 예수께서 다시 유대인
가운데 드러나게 다니지 아니하시고
거기를 떠나 빈 들 가까운 곳인 에브
라임이라는 동네에 가서 제자들과 함
께 거기 머무르시니라
55 유대인의 유월절이 가까우매 많은 사
람이 자기를 성결하게 하기 위하여

48】

49】

50】

51】

52】

53】

54】

55】

유월절 전에 시골에서 예루살렘으로
올라갔더니
56 그들이 예수를 찾으며 성전에 서서
서로 말하되 너희 생각에는 어떠하냐
그가 명절에 오지 아니하겠느냐 하니
57 이는 대제사장들과 바리새인들이 누
구든지 예수 있는 곳을 알거든 신고
하여 잡게 하라 명령하였음이러라

56】

57】

예수의 발에 향유를 붓다
(마 26:6-13; 막 14:3-9)

12 1 유월절 엿새 전에 예수께서 베다
니에 이르시니 이 곳은 예수께서
죽은 자 가운데서 살리신 나사로가
있는 곳이라
2 거기서 예수를 위하여 잔치할새 마르
다는 일을 하고 나사로는 예수와 함
께 앉은 자 중에 있더라
3 마리아는 지극히 비싼 향유 곧 순전
한 나드 한 근을 가져다가 예수의 발
에 붓고 자기 머리털로 그의 발을 닦
으니 향유 냄새가 집에 가득하더라
4 세사 중 하나로서 예수를 잡아 줄 가
룟 유다가 말하되
5 이 향유를 어찌하여 삼백 데나리온에
팔아 가난한 자들에게 주지 아니하였
느냐 하니
6 이렇게 말함은 가난한 자들을 생각함

1】

2】

3】

4】

5】

6】

이 아니요 그는 도둑이라 돈궤를 맡
고 거기 넣는 것을 훔쳐 감이러라
7 예수께서 이르시되 그를 가만 두어 나
의 장례할 날을 위하여 그것을 간직하
게 하라
8 가난한 자들은 항상 너희와 함께 있
거니와 나는 항상 있지 아니하리라
하시니라

나사로까지 죽이려고 모의하다

9 ○ 유대인의 큰 무리가 예수께서 여기
계신 줄을 알고 오니 이는 예수만 보
기 위함이 아니요 죽은 자 가운데서
살리신 나사로도 보려 함이러라
10 대제사장들이 나사로까지 죽이려고
모의하니
11 나사로 때문에 많은 유대인이 가서
예수를 믿음이러라

예루살렘으로 가시다
(마 21:1-11; 막 11:1-11; 눅 19:28-40)

12 ○ 그 이튿날에는 명절에 온 큰 무리
가 예수께서 예루살렘으로 오신다는
것을 듣고
13 종려나무 가지를 가지고 맞으러 나가
외치되 호산나 찬송하리로다 주의 이
름으로 오시는 이 곧 이스라엘의 왕
이시여 하더라
14 예수는 한 어린 나귀를 보고 타시니
15 이는 기록된 바 시온 딸아 두려워하

7】

8】

9】

10】

11】

12】

13】

14】

15】

지 말라 보라 너의 왕이 나귀 새끼를
타고 오신다 함과 같더라
16 제자들은 처음에 이 일을 깨닫지 못하
였다가 예수께서 영광을 얻으신 후에
야 이것이 예수께 대하여 기록된 것
임과 사람들이 예수께 이같이 한 것
임이 생각났더라
17 나사로를 무덤에서 불러내어 죽은 자
가운데서 살리실 때에 함께 있던 무
리가 증언한지라
18 이에 무리가 예수를 맞음은 이 표적
행하심을 들었음이러라
19 바리새인들이 서로 말하되 볼지어다
너희 하는 일이 쓸 데 없다 보라 온 세
상이 그를 따르는도다 하니라

인자가 들려야 하리라

20 ○ 명절에 예배하러 올라온 사람 중
에 헬라인 몇이 있는데
21 그들이 갈릴리 벳새다 사람 빌립에게
가서 청하여 이르되 선생이여 우리가
예수를 뵈옵고자 하나이다 하니
22 빌립이 안드레에게 가서 말하고 안드
레와 빌립이 예수께 가서 여쭈니
23 예수께서 대답하여 이르시되 인자가
영광을 얻을 때가 왔도다
24 내가 진실로 진실로 너희에게 이르노
니 한 알의 밀이 땅에 떨어져 죽지 아

16】
17】
18】
19】
20】
21】
22】
23】
24】

니하면 한 알 그대로 있고 죽으면 많
은 열매를 맺느니라
25 자기의 생명을 사랑하는 자는 잃어버
릴 것이요 이 세상에서 자기의 생명을
미워하는 자는 영생하도록 보전하리라
26 사람이 나를 섬기려면 나를 따르라
나 있는 곳에 나를 섬기는 자도 거기
있으리니 사람이 나를 섬기면 내 아
버지께서 그를 귀히 여기시리라
27 지금 내 마음이 괴로우니 무슨 말을
하리요 아버지여 나를 구원하여 이
때를 면하게 하여 주옵소서 그러나
내가 이를 위하여 이 때에 왔나이다
28 아버지여, 아버지의 이름을 영광스럽
게 하옵소서 하시니 이에 하늘에서 소
리가 나서 이르되 내가 이미 영광스럽
게 하였고 또다시 영광스럽게 하리라
하시니
29 곁에 서서 들은 무리는 천둥이 울었
다고도 하며 또 어떤 이들은 천사가
그에게 말하였다고도 하니
30 예수께서 대답하여 이르시되 이 소리
가 난 것은 나를 위한 것이 아니요 너
희를 위한 것이니라
31 이제 이 세상에 대한 심판이 이르렀
으니 이 세상의 임금이 쫓겨나리라
32 내가 땅에서 들리면 모든 사람을 내

25】

26】

27】

28】

29】

30】

31】

32】

게로 이끌겠노라 하시니
33 이렇게 말씀하심은 자기가 어떠한 죽
음으로 죽을 것을 보이심이러라
34 이에 무리가 대답하되 우리는 율법
에서 그리스도가 영원히 계신다 함을
들었거늘 너는 어찌하여 인자가 들려
야 하리라 하느냐 이 인자는 누구냐
35 예수께서 이르시되 아직 잠시 동안
빛이 너희 중에 있으니 빛이 있을 동
안에 다녀 어둠에 붙잡히지 않게 하
라 어둠에 다니는 자는 그 가는 곳을
알지 못하느니라
36 너희에게 아직 빛이 있을 동안에 빛을
믿으라 그리하면 빛의 아들이 되리라

그들이 예수를 믿지 아니하다

○ 예수께서 이 말씀을 하시고 그들
을 떠나가서 숨으시니라
37 이렇게 많은 표적을 그들 앞에서 행
하셨으나 그를 믿지 아니하니
38 이는 선지자 이사야의 말씀을 이루려
하심이라 이르되 주여 우리에게서 들
은 바를 누가 믿었으며 주의 팔이 누
구에게 나타났나이까 하였더라
39 그들이 능히 믿지 못한 것은 이 때문
이니 곧 이사야가 다시 일렀으되
40 그들의 눈을 멀게 하시고 그들의 마
음을 완고하게 하셨으니 이는 그들로

33】
34】
35】
36】
37】
38】
39】
40】

하여금 눈으로 보고 마음으로 깨닫고
돌이켜 내게 고침을 받지 못하게 하
려 함이라 하였음이더라
41 이사야가 이렇게 말한 것은 주의 영
광을 보고 주를 가리켜 말한 것이라
42 그러나 관리 중에도 그를 믿는 자가
많되 바리새인들 때문에 드러나게 말
하지 못하니 이는 출교를 당할까 두
려워함이라
43 그들은 사람의 영광을 하나님의 영광
보다 더 사랑하였더라

마지막 날과 심판

44 ○ 예수께서 외쳐 이르시되 나를 믿
는 자는 나를 믿는 것이 아니요 나를
보내신 이를 믿는 것이며
45 나를 보는 자는 나를 보내신 이를 보
는 것이니라
46 나는 빛으로 세상에 왔나니 무릇 나
를 믿는 자로 어둠에 거하지 않게 하
려 함이로라
47 사람이 내 말을 듣고 지키지 아니할지
라도 내가 그를 심판하지 아니하노라
내가 온 것은 세상을 심판하려 함이
아니요 세상을 구원하려 함이로라
48 나를 저버리고 내 말을 받지 아니하
는 자를 심판할 이가 있으니 곧 내가
한 그 말이 마지막 날에 그를 심판하

41】

42】

43】

44】

45】

46】

47】

48】

리라
49내가 내 자의로 말한 것이 아니요 나
를 보내신 아버지께서 내가 말할 것과
이를 것을 친히 명령하여 주셨으니
50나는 그의 명령이 영생인 줄 아노라
그러므로 내가 이르는 것은 내 아버
지께서 내게 말씀하신 그대로니라 하
시니라

49】

50】

제자들의 발을 씻으시다

13 1 유월절 전에 예수께서 자기가 세상
을 떠나 아버지께로 돌아가실 때가
이른 줄 아시고 세상에 있는 자기 사
람들을 사랑하시되 끝까지 사랑하시
니라
2 마귀가 벌써 시몬의 아들 가룟 유다
의 마음에 예수를 팔려는 생각을 넣
었더라
3 저녁 먹는 중 예수는 아버지께서 모
든 것을 자기 손에 맡기신 것과 또 자
기가 하나님께로부터 오셨다가 하나
님께로 돌아가실 것을 아시고
4 저녁 잡수시던 자리에서 일어나 겉옷
을 벗고 수건을 가져다가 허리에 두
르시고
5 이에 대야에 물을 떠서 제자들의 발
을 씻으시고 그 두르신 수건으로 닦

1】

2】

3】

4】

5】

기를 시작하여
6 시몬 베드로에게 이르시니 베드로가
이르되 주여 주께서 내 발을 씻으시
나이까
7 예수께서 대답하여 이르시되 내가 하
는 것을 네가 지금은 알지 못하나 이
후에는 알리라
8 베드로가 이르되 내 발을 절대로 씻
지 못하시리이다 예수께서 대답하시
되 내가 너를 씻어 주지 아니하면 네
가 나와 상관이 없느니라
9 시몬 베드로가 이르되 주여 내 발뿐
아니라 손과 머리도 씻어 주옵소서
10 예수께서 이르시되 이미 목욕한 자는
발밖에 씻을 필요가 없느니라 온 몸
이 깨끗하니라 너희가 깨끗하나 다는
아니니라 하시니
11 이는 자기를 팔 자가 누구인지 아심
이라 그러므로 다는 깨끗하지 아니하
다 하시니라
12 ○ 그들의 발을 씻으신 후에 옷을 입으
시고 다시 앉아 그들에게 이르시되 내
가 너희에게 행한 것을 너희가 아느냐
13 너희가 나를 선생이라 또는 주라 하
니 너희 말이 옳도다 내가 그러하다
14 내가 주와 또는 선생이 되어 너희 발
을 씻었으니 너희도 서로 발을 씻어

6】

7】

8】

9】

10】

11】

12】

13】

14】

주는 것이 옳으니라
15 내가 너희에게 행한 것 같이 너희도
행하게 하려 하여 본을 보였노라
16 내가 진실로 진실로 너희에게 이르노
니 종이 주인보다 크지 못하고 보냄을
받은 자가 보낸 자보다 크지 못하나니
17 너희가 이것을 알고 행하면 복이 있
으리라
18 내가 너희 모두를 가리켜 말하는 것
이 아니니라 나는 내가 택한 자들이
누구인지 앎이라 그러나 내 떡을 먹
는 자가 내게 발꿈치를 들었다 한 성
경을 응하게 하려는 것이니라
19 지금부터 일이 일어나기 전에 미리
너희에게 일러 둠은 일이 일어날 때
에 내가 그인 줄 너희가 믿게 하려 함
이로라
20 내가 진실로 진실로 너희에게 이르노
니 내가 보낸 자를 영접하는 자는 나를
영접하는 것이요 나를 영접하는 자는
나를 보내신 이를 영접하는 것이니라

너희 중 하나가 나를 팔리라
(마 26:20-25; 막 14:17-21; 눅 22:21-23)

21 ○ 예수께서 이 말씀을 하시고 심령
이 괴로워 증언하여 이르시되 내가
진실로 진실로 너희에게 이르노니 너
희 중 하나가 나를 팔리라 하시니
22 제자들이 서로 보며 누구에게 대하여

15】
16】
17】
18】
19】
20】
21】
22】

말씀하시는지 의심하더라
23 예수의 제자 중 하나 곧 그가 사랑하
시는 자가 예수의 품에 의지하여 누
웠는지라
24 시몬 베드로가 머릿짓을 하여 말하되
말씀하신 자가 누구인지 말하라 하니
25 그가 예수의 가슴에 그대로 의지하여
말하되 주여 누구니이까
26 예수께서 대답하시되 내가 떡 한 조
각을 적셔다 주는 자가 그니라 하시
고 곧 한 조각을 적셔서 가룟 시몬의
아들 유다에게 주시니
27 조각을 받은 후 곧 사탄이 그 속에 들
어간지라 이에 예수께서 유다에게 이
르시되 네가 하는 일을 속히 하라 하
시니
28 이 말씀을 무슨 뜻으로 하셨는지 그
앉은 자 중에 아는 자가 없고
29 어떤 이들은 유다가 돈궤를 맡았으므
로 명절에 우리가 쓸 물건을 사라 하
시는지 혹은 가난한 자들에게 무엇을
주라 하시는 줄로 생각하더라
30 유다가 그 조각을 받고 곧 나가니 밤
이러라

새 계명

31 ○ 그가 나간 후에 예수께서 이르시되
지금 인자가 영광을 받았고 하나님도

23】

24】

25】

26】

27】

28】

29】

30】

31】

인자로 말미암아 영광을 받으셨도다
32 만일 하나님이 그로 말미암아 영광을
받으셨으면 하나님도 자기로 말미암
아 그에게 영광을 주시리니 곧 주시
리라
33 작은 자들아 내가 아직 잠시 너희와
함께 있겠노라 너희가 나를 찾을 것
이나 일찍이 내가 유대인들에게 너희
는 내가 가는 곳에 올 수 없다고 말한
것과 같이 지금 너희에게도 이르노라
34 새 계명을 너희에게 주노니 서로 사
랑하라 내가 너희를 사랑한 것 같이
너희도 서로 사랑하라
35 너희가 서로 사랑하면 이로써 모든
사람이 너희가 내 제자인 줄 알리라

베드로가 부인할 것을 이르시다
(마 26:31-35; 막 14:27-31; 눅 22:31-34)

36 ○ 시몬 베드로가 이르되 주여 어디
로 가시나이까 예수께서 대답하시되
내가 가는 곳에 네가 지금은 따라올
수 없으나 후에는 따라오리라
37 베드로가 이르되 주여 내가 지금은
어찌하여 따라갈 수 없나이까 주를
위하여 내 목숨을 버리겠나이다
38 예수께서 대답하시되 네가 나를 위하
여 네 목숨을 버리겠느냐 내가 진실
로 진실로 네게 이르노니 닭 울기 전
에 네가 세 번 나를 부인하리라

32】

33】

34】

35】

36】

37】

38】

내가 곧 길리요 진리요 생명이니

14

1 너희는 마음에 근심하지 말라 하
나님을 믿으니 또 나를 믿으라
2 내 아버지 집에 거할 곳이 많도다 그
렇지 않으면 너희에게 일렀으리라 내
가 너희를 위하여 거처를 예비하러
가노니
3 가서 너희를 위하여 거처를 예비하면
내가 다시 와서 너희를 내게로 영접하
여 나 있는 곳에 너희도 있게 하리라
4 내가 어디로 가는지 그 길을 너희가
아느니라
5 도마가 이르되 주여 주께서 어디로 가
시는지 우리가 알지 못하거늘 그 길을
어찌 알겠사옵나이까
6 예수께서 이르시되 내가 곧 길이요
진리요 생명이니 나로 말미암지 않고
는 아버지께로 올 자가 없느니라
7 너희가 나를 알았더라면 내 아버지도
알았으리로다 이제부터는 너희가 그
를 알았고 또 보았느니라
8 빌립이 이르되 주여 아버지를 우리에
게 보여 주옵소서 그리하면 족하겠나
이다
9 예수께서 이르시되 빌립아 내가 이렇
게 오래 너희와 함께 있으되 네가 나
를 알지 못하느냐 나를 본 자는 아버

1】

2】

3】

4】

5】

6】

7】

8】

9】

지를 보았거늘 어찌하여 아버지를 보
이라 하느냐
10 내가 아버지 안에 거하고 아버지는 내
안에 계신 것을 네가 믿지 아니하느냐
내가 너희에게 이르는 말은 스스로 하
는 것이 아니라 아버지께서 내 안에
계셔서 그의 일을 하시는 것이라
11 내가 아버지 안에 거하고 아버지께서
내 안에 계심을 믿으라 그렇지 못하
겠거든 행하는 그 일로 말미암아 나
를 믿으라
12 내가 진실로 진실로 너희에게 이르노
니 나를 믿는 자는 내가 하는 일을 그
도 할 것이요 또한 그보다 큰 일도 하
리니 이는 내가 아버지께로 감이라
13 너희가 내 이름으로 무엇을 구하든지
내가 행하리니 이는 아버지로 하여금
아들로 말미암아 영광을 받으시게 하
려 함이라
14 내 이름으로 무엇이든지 내게 구하면
내가 행하리라
15 너희가 나를 사랑하면 나의 계명을
지키리라
16 내가 아버지께 구하겠으니 그가 또
다른 보혜사를 너희에게 주사 영원토
록 너희와 함께 있게 하리니
17 그는 진리의 영이라 세상은 능히 그

10】

11】

12】

13】

14】

15】

16】

17】

를 받지 못하나니 이는 그를 보지도
못하고 알지도 못함이라 그러나 너희
는 그를 아나니 그는 너희와 함께 거
하심이요 또 너희 속에 계시겠음이라
18 내가 너희를 고아와 같이 버려두지
아니하고 너희에게로 오리라
19 조금 있으면 세상은 다시 나를 보지
못할 것이로되 너희는 나를 보리니
이는 내가 살아 있고 너희도 살아 있
겠음이라
20 그 날에는 내가 아버지 안에, 너희가
내 안에, 내가 너희 안에 있는 것을 너
희가 알리라
21 나의 계명을 지키는 자라야 나를 사랑
하는 자니 나를 사랑하는 자는 내 아
버지께 사랑을 받을 것이요 나도 그를
사랑하여 그에게 나를 나타내리라
22 가룟인 아닌 유다가 이르되 주여 어
찌하여 자기를 우리에게는 나타내시
고 세상에는 아니하려 하시나이까
23 예수께서 대답하여 이르시되 사람이
나를 사랑하면 내 말을 지키리니 내
아버지께서 그를 사랑하실 것이요 우
리가 그에게 가서 거처를 그와 함께
하리라
24 나를 사랑하지 아니하는 자는 내 말
을 지키지 아니하나니 너희가 듣는

18】

19】

20】

21】

22】

23】

24】

말은 내 말이 아니요 나를 보내신 아
버지의 말씀이니라

보혜사

25 ○ 내가 아직 너희와 함께 있어서 이
말을 너희에게 하였거니와
26 보혜사 곧 아버지께서 내 이름으로
보내실 성령 그가 너희에게 모든 것
을 가르치고 내가 너희에게 말한 모
든 것을 생각나게 하리라
27 평안을 너희에게 끼치노니 곧 나의
평안을 너희에게 주노라 내가 너희에
게 주는 것은 세상이 주는 것과 같지
아니하니라 너희는 마음에 근심하지
도 말고 두려워하지도 말라
28 내가 갔다가 너희에게로 온다 하는
말을 너희가 들었나니 나를 사랑하였
더라면 내가 아버지께로 감을 기뻐하
였으리라 아버지는 나보다 크심이라
29 이제 일이 일어나기 전에 너희에게
말한 것은 일이 일어날 때에 너희로
믿게 하려 함이라
30 이 후에는 내가 너희와 말을 많이 하
지 아니하리니 이 세상의 임금이 오
겠음이라 그러나 그는 내게 관계할
것이 없으니
31 오직 내가 아버지를 사랑하는 것과
아버지께서 명하신 대로 행하는 것을

25】

26】

27】

28】

29】

30】

31】

세상이 알게 하려 함이로라 일어나라
여기를 떠나자 하시니라

나는 포도나무요 너희는 가지라

15
1 나는 참포도나무요 내 아버지는
농부라
2 무릇 내게 붙어 있어 열매를 맺지 아
니하는 가지는 아버지께서 그것을 제
거해 버리시고 무릇 열매를 맺는 가
지는 더 열매를 맺게 하려 하여 그것
을 깨끗하게 하시느니라
3 너희는 내가 일러준 말로 이미 깨끗
하여졌으니
4 내 안에 거하라 나도 너희 안에 거하
리라 가지가 포도나무에 붙어 있지
아니하면 스스로 열매를 맺을 수 없
음 같이 너희도 내 안에 있지 아니하
면 그러하리라
5 나는 포도나무요 너희는 가지라 그가
내 안에, 내가 그 안에 거하면 사람이
열매를 많이 맺나니 나를 떠나서는
너희가 아무 것도 할 수 없음이라
6 사람이 내 안에 거하지 아니하면 가
지처럼 밖에 버려져 마르나니 사람들
이 그것을 모아다가 불에 던져 사르
느니라
7 너희가 내 안에 거하고 내 말이 너희

1】
2】
3】
4】
5】
6】
7】

년 월 일

안에 거하면 무엇이든지 원하는 대로
구하라 그리하면 이루리라
8 너희가 열매를 많이 맺으면 내 아버
지께서 영광을 받으실 것이요 너희는
내 제자가 되리라
9 아버지께서 나를 사랑하신 것 같이
나도 너희를 사랑하였으니 나의 사랑
안에 거하라
10 내가 아버지의 계명을 지켜 그의 사
랑 안에 거하는 것 같이 너희도 내 계
명을 지키면 내 사랑 안에 거하리라
11 내가 이것을 너희에게 이름은 내 기
쁨이 너희 안에 있어 너희 기쁨을 충
만하게 하려 함이라
12 내 계명은 곧 내가 너희를 사랑한 것
같이 너희도 서로 사랑하라 하는 이
것이니라
13 사람이 친구를 위하여 자기 목숨을
버리면 이보다 더 큰 사랑이 없나니
14 너희는 내가 명하는 대로 행하면 곧
나의 친구라
15 이제부터는 너희를 종이라 하지 아니
하리니 종은 주인이 하는 것을 알지
못함이라 너희를 친구라 하였노니 내
가 내 아버지께 들은 것을 다 너희에
게 알게 하였음이라
16 너희가 나를 택한 것이 아니요 내가

8】

9】

10】

11】

12】

13】

14】

15】

16】

너희를 택하여 세웠나니 이는 너희로
가서 열매를 맺게 하고 또 너희 열매
가 항상 있게 하여 내 이름으로 아버
지께 무엇을 구하든지 다 받게 하려
함이라
17 내가 이것을 너희에게 명함은 너희로
서로 사랑하게 하려 함이라
18 세상이 너희를 미워하면 너희보다 먼
저 나를 미워한 줄을 알라
19 너희가 세상에 속하였으면 세상이 자
기의 것을 사랑할 것이나 너희는 세
상에 속한 자가 아니요 도리어 내가
너희를 세상에서 택하였기 때문에 세
상이 너희를 미워하느니라
20 내가 너희에게 종이 주인보다 더 크
지 못하다 한 말을 기억하라 사람들
이 나를 박해하였은즉 너희도 박해할
것이요 내 말을 지켰은즉 너희 말도
지킬 것이라
21 그러나 사람들이 내 이름으로 말미암
아 이 모든 일을 너희에게 하리니 이
는 나를 보내신 이를 알지 못함이라
22 내가 와서 그들에게 말하지 아니하였
더라면 죄가 없었으려니와 지금은 그
죄를 핑계할 수 없느니라
23 나를 미워하는 자는 또 내 아버지를
미워하느니라

17】

18】

19】

20】

21】

22】

23】

24 내가 아무도 못한 일을 그들 중에서
하지 아니하였더라면 그들에게 죄가
없었으려니와 지금은 그들이 나와 내
아버지를 보았고 또 미워하였도다
25 그러나 이는 그들의 율법에 기록된
바 그들이 이유 없이 나를 미워하였
다 한 말을 응하게 하려 함이라
26 내가 아버지께로부터 너희에게 보낼
보혜사 곧 아버지께로부터 나오시는
진리의 성령이 오실 때에 그가 나를
증언하실 것이요
27 너희도 처음부터 나와 함께 있었으므
로 증언하느니라

24】

25】

26】

27】

성령의 일

16 1 내가 이것을 너희에게 이름은 너희
로 실족하지 않게 하려 함이니
2 사람들이 너희를 출교할 뿐 아니라 때
가 이르면 무릇 너희를 죽이는 자가
생각하기를 이것이 하나님을 섬기는
일이라 하리라
3 그들이 이런 일을 할 것은 아버지와
나를 알지 못함이라
4 오직 너희에게 이 말을 한 것은 너희
로 그 때를 당하면 내가 너희에게 말
한 이것을 기억나게 하려 함이요 처음
부터 이 말을 하지 아니한 것은 내가

1】

2】

3】

4】

너희와 함께 있었음이라
5 지금 내가 나를 보내신 이에게로 가
는데 너희 중에서 나더러 어디로 가
는지 묻는 자가 없고
6 도리어 내가 이 말을 하므로 너희 마
음에 근심이 가득하였도다
7 그러나 내가 너희에게 실상을 말하노
니 내가 떠나가는 것이 너희에게 유익
이라 내가 떠나가지 아니하면 보혜사
가 너희에게로 오시지 아니할 것이요
가면 내가 그를 너희에게로 보내리니
8 그가 와서 죄에 대하여, 의에 대하여,
심판에 대하여 세상을 책망하시리라
9 죄에 대하여라 함은 그들이 나를 믿
지 아니함이요
10 의에 대하여라 함은 내가 아버지께로
가니 너희가 다시 나를 보지 못함이요
11 심판에 대하여라 함은 이 세상 임금
이 심판을 받았음이라
12 내가 아직도 너희에게 이를 것이 많으
나 지금은 너희가 감당하지 못하리라
13 그러나 진리의 성령이 오시면 그가
너희를 모든 진리 가운데로 인도하시
리니 그가 스스로 말하지 않고 오직
들은 것을 말하며 장래 일을 너희에
게 알리시리라
14 그가 내 영광을 나타내리니 내 것을

5】

6】

7】

8】

9】

10】

11】

12】

13】

14】

가지고 너희에게 알리시겠음이라
15 무릇 아버지께 있는 것은 다 내 것이
라 그러므로 내가 말하기를 그가 내
것을 가지고 너희에게 알리시리라 하
였노라
16 조금 있으면 너희가 나를 보지 못하
겠고 또 조금 있으면 나를 보리라 하
시니
17 제자 중에서 서로 말하되 우리에게
말씀하신 바 조금 있으면 나를 보지
못하겠고 또 조금 있으면 나를 보리
라 하시며 또 내가 아버지께로 감이
라 하신 것이 무슨 말씀이냐 하고
18 또 말하되 조금 있으면이라 하신 말
씀이 무슨 말씀이냐 무엇을 말씀하시
는지 알지 못하노라 하거늘
19 예수께서 그 묻고자 함을 아시고 이
르시되 내 말이 조금 있으면 나를 보
지 못하겠고 또 조금 있으면 나를 보
리라 하므로 서로 문의하느냐
20 내가 진실로 진실로 너희에게 이르노
니 너희는 곡하고 애통하겠으나 세상
은 기뻐하리라 너희는 근심하겠으나
너희 근심이 도리어 기쁨이 되리라
21 여자가 해산하게 되면 그 때가 이르
렀으므로 근심하나 아기를 낳으면 세
상에 사람 난 기쁨으로 말미암아 그

15】

16】

17】

18】

19】

20】

21】

고통을 다시 기억하지 아니하느니라
22 지금은 너희가 근심하나 내가 다시 너
희를 보리니 너희 마음이 기쁠 것이요
너희 기쁨을 빼앗을 자가 없으리라
23 그 날에는 너희가 아무 것도 내게 묻
지 아니하리라 내가 진실로 진실로
너희에게 이르노니 너희가 무엇이든
지 아버지께 구하는 것을 내 이름으
로 주시리라
24 지금까지는 너희가 내 이름으로 아무
것도 구하지 아니하였으나 구하라 그
리하면 받으리니 너희 기쁨이 충만하
리라

내가 세상을 이기었다

25 ○ 이것을 비유로 너희에게 일렀거니
와 때가 이르면 다시는 비유로 너희
에게 이르지 않고 아버지에 대한 것
을 밝히 이르리라
26 그 날에 너희가 내 이름으로 구할 것
이요 내가 너희를 위하여 아버지께
구하겠다 하는 말이 아니니
27 이는 너희가 나를 사랑하고 또 내가
하나님께로부터 온 줄 믿었으므로 아
버지께서 친히 너희를 사랑하심이라
28 내가 아버지에게서 나와 세상에 왔고
다시 세상을 떠나 아버지께로 가노라
하시니

22】

23】

24】

25】

26】

27】

28】

29 제자들이 말하되 지금은 밝히 말씀하
시고 아무 비유로도 하지 아니하시니
30 우리가 지금에야 주께서 모든 것을
아시고 또 사람의 물음을 기다리시지
않는 줄 아나이다 이로써 하나님께로
부터 나오심을 우리가 믿사옵나이다
31 예수께서 대답하시되 이제는 너희가
믿느냐
32 보라 너희가 다 각각 제 곳으로 흩어지
고 나를 혼자 둘 때가 오나니 벌써 왔
도다 그러나 내가 혼자 있는 것이 아니
라 아버지께서 나와 함께 계시느니라
33 이것을 너희에게 이르는 것은 너희로
내 안에서 평안을 누리게 하려 함이
라 세상에서는 너희가 환난을 당하나
담대하라 내가 세상을 이기었노라

29】

30】

31】

32】

33】

기도하시다

17 1 예수께서 이 말씀을 하시고 눈을
들어 하늘을 우러러 이르시되 아버
지여 때가 이르렀사오니 아들을 영화
롭게 하사 아들로 아버지를 영화롭게
하게 하옵소서
2 아버지께서 아들에게 주신 모든 사
람에게 영생을 주게 하시려고 만민을
다스리는 권세를 아들에게 주셨음이
로소이다

1】

2】

3 영생은 곧 유일하신 참 하나님과 그
가 보내신 자 예수 그리스도를 아는
것이니이다
4 아버지께서 내게 하라고 주신 일을
내가 이루어 아버지를 이 세상에서
영화롭게 하였사오니
5 아버지여 창세 전에 내가 아버지와
함께 가졌던 영화로써 지금도 아버지
와 함께 나를 영화롭게 하옵소서
6 세상 중에서 내게 주신 사람들에게
내가 아버지의 이름을 나타내었나이
다 그들은 아버지의 것이었는데 내게
주셨으며 그들은 아버지의 말씀을 지
키었나이다
7 지금 그들은 아버지께서 내게 주신
것이 다 아버지로부터 온 것인 줄 알
았나이다
8 나는 아버지께서 내게 주신 말씀들을
그들에게 주었사오며 그들은 이것을
받고 내가 아버지께로부터 나온 줄을
참으로 아오며 아버지께서 나를 보내
신 줄도 믿었사옵나이다
9 내가 그들을 위하여 비옵나니 내가
비옵는 것은 세상을 위함이 아니요
내게 주신 자들을 위함이니이다 그들
은 아버지의 것이로소이다
10 내 것은 다 아버지의 것이요 아버지

3】

4】

5】

6】

7】

8】

9】

10】

의 것은 내 것이온데 내가 그들로 말
미암아 영광을 받았나이다
11 나는 세상에 더 있지 아니하오나 그
들은 세상에 있사옵고 나는 아버지께
로 가옵나니 거룩하신 아버지여 내게
주신 아버지의 이름으로 그들을 보전
하사 우리와 같이 그들도 하나가 되
게 하옵소서
12 내가 그들과 함께 있을 때에 내게 주
신 아버지의 이름으로 그들을 보전하
고 지키었나이다 그 중의 하나도 멸
망하지 않고 다만 멸망의 자식뿐이오
니 이는 성경을 응하게 함이니이다
13 지금 내가 아버지께로 가오니 내가
세상에서 이 말을 하옵는 것은 그들
로 내 기쁨을 그들 안에 충만히 가지
게 하려 함이니이다
14 내가 아버지의 말씀을 그들에게 주었
사오매 세상이 그들을 미워하였사오
니 이는 내가 세상에 속하지 아니함
같이 그들도 세상에 속하지 아니함으
로 인함이니이다
15 내가 비옵는 것은 그들을 세상에서
데려가시기를 위함이 아니요 다만 악
에 빠지지 않게 보전하시기를 위함이
니이다
16 내가 세상에 속하지 아니함 같이 그들

11】

12】

13】

14】

15】

16】

도 세상에 속하지 아니하였사옵나이다
17 그들을 진리로 거룩하게 하옵소서 아
버지의 말씀은 진리니이다
18 아버지께서 나를 세상에 보내신 것
같이 나도 그들을 세상에 보내었고
19 또 그들을 위하여 내가 나를 거룩하
게 하오니 이는 그들도 진리로 거룩
함을 얻게 하려 함이니이다
20 내가 비옵는 것은 이 사람들만 위함
이 아니요 또 그들의 말로 말미암아
나를 믿는 사람들도 위함이니
21 아버지여, 아버지께서 내 안에, 내가
아버지 안에 있는 것 같이 그들도 다
하나가 되어 우리 안에 있게 하사 세
상으로 아버지께서 나를 보내신 것을
믿게 하옵소서
22 내게 주신 영광을 내가 그들에게 주었
사오니 이는 우리가 하나가 된 것 같이
그들도 하나가 되게 하려 함이니이다
23 곧 내가 그들 안에 있고 아버지께서
내 안에 계시어 그들로 온전함을 이
루어 하나가 되게 하려 함은 아버지
께서 나를 보내신 것과 또 나를 사랑
하심 같이 그들도 사랑하신 것을 세
상으로 알게 하려 함이로소이다
24 아버지여 내게 주신 자도 나 있는 곳
에 나와 함께 있어 아버지께서 창세

17】

18】

19】

20】

21】

22】

23】

24】

전부터 나를 사랑하시므로 내게 주
신 나의 영광을 그들로 보게 하시기
를 원하옵나이다
25 의로우신 아버지여 세상이 아버지를
알지 못하여도 나는 아버지를 알았사
옵고 그들도 아버지께서 나를 보내신
줄 알았사옵나이다
26 내가 아버지의 이름을 그들에게 알게
하였고 또 알게 하리니 이는 나를 사
랑하신 사랑이 그들 안에 있고 나도
그들 안에 있게 하려 함이니이다

25】

26】

잡히시다
(마 26:47-56; 막 14:43-50; 눅 22:47-53)

18 1 예수께서 이 말씀을 하시고 제자
들과 함께 기드론 시내 건너편으
로 나가시니 그 곳에 동산이 있는데
제자들과 함께 들어가시니라
2 그 곳은 가끔 예수께서 제자들과 모
이시는 곳이므로 예수를 파는 유다도
그 곳을 알더라
3 유다가 군대와 대제사장들과 바리새
인들에게서 얻은 아랫사람들을 데리
고 등과 횃불과 무기를 가지고 그리
로 오는지라
4 예수께서 그 당할 일을 다 아시고 나
아가 이르시되 너희가 누구를 찾느냐
5 대답하되 나사렛 예수라 하거늘 이르

1】

2】

3】

4】

5】

시되 내가 그니라 하시니라 그를 파
는 유다도 그들과 함께 섰더라
6 예수께서 그들에게 내가 그니라 하실
때에 그들이 물러가서 땅에 엎드러지
는지라
7 이에 다시 누구를 찾느냐고 물으신대
그들이 말하되 나사렛 예수라 하거늘
8 예수께서 대답하시되 너희에게 내가
그니라 하였으니 나를 찾거든 이 사
람들이 가는 것은 용납하라 하시니
9 이는 아버지께서 내게 주신 자 중에
서 하나도 잃지 아니하였사옵나이다
하신 말씀을 응하게 하려 함이러라
10 이에 시몬 베드로가 칼을 가졌는데
그것을 빼어 대제사장의 종을 쳐서
오른편 귀를 베어버리니 그 종의 이
름은 말고라
11 예수께서 베드로더러 이르시되 칼을
칼집에 꽂으라 아버지께서 주신 잔을
내가 마시지 아니하겠느냐 하시니라

안나스에게로 끌고 가다
(마 26:57-58; 막 14:53-54; 눅 22:54)

12 ○ 이에 군대와 천부장과 유대인의
아랫사람들이 예수를 잡아 결박하여
13 먼저 안나스에게로 끌고 가니 안나스
는 그 해의 대제사장인 가야바의 장
인이라
14 가야바는 유대인들에게 한 사람이 백

6】

7】

8】

9】

10】

11】

12】

13】

14】

성을 위하여 죽는 것이 유익하다고
권고하던 자러라

베드로가 제자가 아니라고 하다
(마 26:69-70; 막 14:66-68; 눅 22:55-57)

15 ○ 시몬 베드로와 또 다른 제자 한 사
람이 예수를 따르니 이 제자는 대제
사장과 아는 사람이라 예수와 함께
대제사장의 집 뜰에 들어가고
16 베드로는 문 밖에 서 있는지라 대제
사장을 아는 그 다른 제자가 나가서
문 지키는 여자에게 말하여 베드로를
데리고 들어오니
17 문 지키는 여종이 베드로에게 말하되
너도 이 사람의 제자 중 하나가 아니냐
하니 그가 말하되 나는 아니라 하고
18 그 때가 추운 고로 종과 아랫사람들
이 불을 피우고 서서 쬐니 베드로도
함께 서서 쬐더라

대제사장이 예수에게 묻다
(마 26:59-66; 막 14:55-64; 눅 22:66-71)

19 ○ 대제사장이 예수에게 그의 제자들
과 그의 교훈에 대하여 물으니
20 예수께서 대답하시되 내가 드러내 놓
고 세상에 말하였노라 모든 유대인들
이 모이는 회당과 성전에서 항상 가
르쳤고 은밀하게는 아무 것도 말하지
아니하였거늘
21 어찌하여 내게 묻느냐 내가 무슨 말
을 하였는지 들은 자들에게 물어 보

15】

16】

17】

18】

19】

20】

21】

라 그들이 내가 하던 말을 아느니라
22 이 말씀을 하시매 곁에 섰던 아랫사
람 하나가 손으로 예수를 쳐 이르되
네가 대제사장에게 이같이 대답하느
냐 하니
23 예수께서 대답하시되 내가 말을 잘
못하였으면 그 잘못한 것을 증언하
라 바른 말을 하였으면 네가 어찌하
여 나를 치느냐 하시더라
24 안나스가 예수를 결박한 그대로 대제
사장 가야바에게 보내니라

베드로가 다시 제자가 아니라고 하다
(마 26:7-1; 막 14:69-72; 눅 22:58-62)

25 ○ 시몬 베드로가 서서 불을 쬐더니
사람들이 묻되 너도 그 제자 중 하나
가 아니냐 베드로가 부인하여 이르되
나는 아니라 하니
26 대제사장의 종 하나는 베드로에게 귀
를 잘린 사람의 친척이라 이르되 네
가 그 사람과 함께 동산에 있는 것을
내가 보지 아니하였느냐
27 이에 베드로가 또 부인하니 곧 닭이
울더라

빌라도 앞에 서시다
(마 27:1-2, 11-14; 막 15:1-5; 눅 23:1-5)

28 ○ 그들이 예수를 가야바에게서 관정으
로 끌고 가니 새벽이라 그들은 더럽힘
을 받지 아니하고 유월절 잔치를 먹고
자 하여 관정에 들어가지 아니하더라

22】

23】

24】

25】

26】

27】

28】

29 그러므로 빌라도가 밖으로 나가서 그
들에게 말하되 너희가 무슨 일로 이
사람을 고발하느냐
30 대답하여 이르되 이 사람이 행악자가
아니었더라면 우리가 당신에게 넘기
지 아니하였겠나이다
31 빌라도가 이르되 너희가 그를 데려다
가 너희 법대로 재판하라 유대인들이
이르되 우리에게는 사람을 죽이는 권
한이 없나이다 하니
32 이는 예수께서 자기가 어떠한 죽음으
로 죽을 것을 가리켜 하신 말씀을 응
하게 하려 함이러라
33 ○ 이에 빌라도가 다시 관정에 들어
가 예수를 불러 이르되 네가 유대인
의 왕이냐
34 예수께서 대답하시되 이는 네가 스스
로 하는 말이냐 다른 사람들이 나에
대하여 네게 한 말이냐
35 빌라도가 대답하되 내가 유대인이냐
네 나라 사람과 대제사장들이 너를 내
게 넘겼으니 네가 무엇을 하였느냐
36 예수께서 대답하시되 내 나라는 이
세상에 속한 것이 아니니라 만일 내
나라가 이 세상에 속한 것이었더라면
내 종들이 싸워 나로 유대인들에게
넘겨지지 않게 하였으리라 이제 내

29】

30】

31】

32】

33】

34】

35】

36】

나라는 여기에 속한 것이 아니니라
37 빌라도가 이르되 그러면 네가 왕이
아니냐 예수께서 대답하시되 네 말
과 같이 내가 왕이니라 내가 이를 위
하여 태어났으며 이를 위하여 세상에
왔나니 곧 진리에 대하여 증언하려
함이로라 무릇 진리에 속한 자는 내
음성을 듣느니라 하신대
38 빌라도가 이르되 진리가 무엇이냐 하
더라

십자가에 못 박도록 예수를 넘겨 주다
(마 27:15-31; 막 15:6-20; 눅 23:13-25)

○ 이 말을 하고 다시 유대인들에게
나가서 이르되 나는 그에게서 아무
죄도 찾지 못하였노라
39 유월절이면 내가 너희에게 한 사람을
놓아 주는 전례가 있으니 그러면 너희
는 내가 유대인의 왕을 너희에게 놓아
주기를 원하느냐 하니
40 그들이 또 소리 질러 이르되 이 사람
이 아니라 바라바라 하니 바라바는
강도였더라

37】

38】

39】

40】

19
1 이에 빌라도가 예수를 데려다가
채찍질하더라
2 군인들이 가시나무로 관을 엮어 그의
머리에 씌우고 자색 옷을 입히고
3 앞에 가서 이르되 유대인의 왕이여

1】

2】

3】

평안할지어다 하며 손으로 때리더라
4 빌라도가 다시 밖에 나가 말하되 보
라 이 사람을 데리고 너희에게 나오
나니 이는 내가 그에게서 아무 죄도
찾지 못한 것을 너희로 알게 하려 함
이로라 하더라
5 이에 예수께서 가시관을 쓰고 자색
옷을 입고 나오시니 빌라도가 그들에
게 말하되 보라 이 사람이로다 하매
6 대제사장들과 아랫사람들이 예수를
보고 소리 질러 이르되 십자가에 못
박으소서 십자가에 못 박으소서 하는
지라 빌라도가 이르되 너희가 친히
데려다가 십자가에 못 박으라 나는
그에게서 죄를 찾지 못하였노라
7 유대인들이 대답하되 우리에게 법이
있으니 그 법대로 하면 그가 당연히
죽을 것은 그가 자기를 하나님의 아
들이라 함이니이다
8 빌라도가 이 말을 듣고 더욱 두려워
하여
9 다시 관정에 들어가서 예수께 말하되
너는 어디로부터냐 하되 예수께서 대
답하여 주지 아니하시는지라
10 빌라도가 이르되 내게 말하지 아니하
느냐 내가 너를 놓을 권한도 있고 십
자가에 못 박을 권한도 있는 줄 알지

4】

5】

6】

7】

8】

9】

10】

년 월 일

못하느냐
11 예수께서 대답하시되 위에서 주지 아
니하셨더라면 나를 해할 권한이 없었
으리니 그러므로 나를 네게 넘겨 준
자의 죄는 더 크다 하시니라
12 이러하므로 빌라도가 예수를 놓으려
고 힘썼으나 유대인들이 소리 질러
이르되 이 사람을 놓으면 가이사의
충신이 아니니이다 무릇 자기를 왕이
라 하는 자는 가이사를 반역하는 것
이니이다
13 빌라도가 이 말을 듣고 예수를 끌고
나가서 돌을 깐 뜰(히브리 말로 가바
다)에 있는 재판석에 앉아 있더라
14 이 날은 유월절의 준비일이요 때는
제육시라 빌라도가 유대인들에게 이
르되 보라 너희 왕이로다
15 그들이 소리 지르되 없이 하소서 없
이 하소서 그를 십자가에 못 박게 하
소서 빌라도가 이르되 내가 너희 왕
을 십자가에 못 박으랴 대제사장들이
대답하되 가이사 외에는 우리에게 왕
이 없나이다 하니
16 이에 예수를 십자가에 못 박도록 그
들에게 넘겨 주니라

십자가에 못 박히시다
(마 27:32-44; 막 15:21-32; 눅 23:26-43)

17 ○ 그들이 예수를 맡으매 예수께서

11】

12】

13】

14】

15】

16】

17】

자기의 십자가를 지시고 해골 (히브리
말로 골고다) 이라 하는 곳에 나가시니
18 그들이 거기서 예수를 십자가에 못 박
을새 다른 두 사람도 그와 함께 좌우편
에 못 박으니 예수는 가운데 있더라
19 빌라도가 패를 써서 십자가 위에 붙
이니 나사렛 예수 유대인의 왕이라
기록되었더라
20 예수께서 못 박히신 곳이 성에서 가
까운 고로 많은 유대인이 이 패를 읽
는데 히브리와 로마와 헬라 말로 기
록되었더라
21 유대인의 대제사장들이 빌라도에게
이르되 유대인의 왕이라 쓰지 말고
자칭 유대인의 왕이라 쓰라 하니
22 빌라도가 대답하되 내가 쓸 것을 썼
다 하니라
23 ○ 군인들이 예수를 십자가에 못 박
고 그의 옷을 취하여 네 깃에 나눠 각
각 한 깃씩 얻고 속옷도 취하니 이 속
옷은 호지 아니하고 위에서부터 통으
로 짠 것이라
24 군인들이 서로 말하되 이것을 찢지 말
고 누가 얻나 제비 뽑자 하니 이는 성
경에 그들이 내 옷을 나누고 내 옷을
제비 뽑나이다 한 것을 응하게 하려
함이러라 군인들은 이런 일을 하고

18】
19】
20】
21】
22】
23】
24】

25 예수의 십자가 곁에는 그 어머니와
이모와 글로바의 아내 마리아와 막달
라 마리아가 섰는지라
26 예수께서 자기의 어머니와 사랑하시
는 제자가 곁에 서 있는 것을 보시고
자기 어머니께 말씀하시되 여자여 보
소서 아들이니이다 하시고
27 또 그 제자에게 이르시되 보라 네 어
머니라 하신대 그 때부터 그 제자가
자기 집에 모시니라

영혼이 떠나가시다
(마 27:45-56; 막 15:33-41; 눅 23:44-49)

28 ○ 그 후에 예수께서 모든 일이 이미 이
루어진 줄 아시고 성경을 응하게 하려
하사 이르시되 내가 목마르다 하시니
29 거기 신 포도주가 가득히 담긴 그릇
이 있는지라 사람들이 신 포도주를
적신 해면을 우슬초에 매어 예수의
입에 대니
30 예수께서 신 포도주를 받으신 후에
이르시되 다 이루었다 하시고 머리를
숙이니 영혼이 떠나가시니라

창으로 옆구리를 찌르다

31 ○ 이 날은 준비일이라 유대인들은
그 안식일이 큰 날이므로 그 안식일
에 시체들을 십자가에 두지 아니하려
하여 빌라도에게 그들의 다리를 꺾어
시체를 치워 달라 하니

25】

26】

27】

28】

29】

30】

31】

년 월 일

32 군인들이 가서 예수와 함께 못 박힌
첫째 사람과 또 그 다른 사람의 다리
를 꺾고
33 예수께 이르러서는 이미 죽으신 것을
보고 다리를 꺾지 아니하고
34 그 중 한 군인이 창으로 옆구리를 찌
르니 곧 피와 물이 나오더라
35 이를 본 자가 증언하였으니 그 증언이
참이라 그가 자기의 말하는 것이 참인
줄 알고 너희로 믿게 하려 함이니라
36 이 일이 일어난 것은 그 뼈가 하나도
꺾이지 아니하리라 한 성경을 응하게
하려 함이라
37 또 다른 성경에 그들이 그 찌른 자를
보리라 하였느니라

새 무덤에 예수를 두다
(마 27:57-61; 막 15:42-47; 눅 23:50-56)

38 ○ 아리마대 사람 요셉은 예수의 제
자이나 유대인이 두려워 그것을 숨기
더니 이 일 후에 빌라도에게 예수의
시체를 가져가기를 구하매 빌라도가
허락하는지라 이에 가서 예수의 시체
를 가져가니라
39 일찍이 예수께 밤에 찾아왔던 니고데
모도 몰약과 침향 섞은 것을 백 리트
라쯤 가지고 온지라
40 이에 예수의 시체를 가져다가 유대인
의 장례 법대로 그 향품과 함께 세마

32】

33】

34】

35】

36】

37】

38】

39】

40】

포로 쌌더라

41 예수께서 십자가에 못 박히신 곳에 동
산이 있고 동산 안에 아직 사람을 장
사한 일이 없는 새 무덤이 있는지라

42 이 날은 유대인의 준비일이요 또 무덤
이 가까운 고로 예수를 거기 두니라

41】

42】

살아나시다(마 28:1-10; 막 16:1-8; 눅 24:1-2)

20 1 안식 후 첫날 일찍이 아직 어두울
때에 막달라 마리아가 무덤에 와서
돌이 무덤에서 옮겨진 것을 보고

2 시몬 베드로와 예수께서 사랑하시
던 그 다른 제자에게 달려가서 말하
되 사람들이 주님을 무덤에서 가져다
가 어디 두었는지 우리가 알지 못하
겠다 하니

3 베드로와 그 다른 제자가 나가서 무
덤으로 갈새

4 둘이 같이 달음질하더니 그 다른 제
자가 베드로보다 더 빨리 달려가서
먼저 무덤에 이르러

5 구부려 세마포 놓인 것을 보았으나
들어가지는 아니하였더니

6 시몬 베드로는 따라와서 무덤에 들어
가 보니 세마포가 놓였고

7 또 머리를 쌌던 수건은 세마포와 함
께 놓이지 않고 딴 곳에 쌌던 대로 놓

1】

2】

3】

4】

5】

6】

7】

여 있더라
8 그 때에야 무덤에 먼저 갔던 그 다른
제자도 들어가 보고 믿더라
9 (그들은 성경에 그가 죽은 자 가운데
서 다시 살아나야 하리라 하신 말씀
을 아직 알지 못하더라)
10 이에 두 제자가 자기들의 집으로 돌
아가니라

막달라 마리아에게 나타나시다(막 16:9-11)

11 ○ 마리아는 무덤 밖에 서서 울고 있
더니 울면서 구부려 무덤 안을 들여
다보니
12 흰 옷 입은 두 천사가 예수의 시체 뉘
었던 곳에 하나는 머리 편에, 하나는
발 편에 앉았더라
13 천사들이 이르되 여자여 어찌하여 우
느냐 이르되 사람들이 내 주님을 옮
겨다가 어디 두었는지 내가 알지 못
함이니이다
14 이 말을 하고 뒤로 돌이켜 예수께서
서 계신 것을 보았으나 예수이신 줄
은 알지 못하더라
15 예수께서 이르시되 여자여 어찌하여
울며 누구를 찾느냐 하시니 마리아는
그가 동산지기인 줄 알고 이르되 주여
당신이 옮겼거든 어디 두었는지 내게
이르소서 그리하면 내가 가져가리이다

8】

9】

10】

11】

12】

13】

14】

15】

년 월 일

16 예수께서 마리아야 하시거늘 마리아
가 돌이켜 히브리 말로 랍오니 하니
(이는 선생님이라는 말이라)
17 예수께서 이르시되 나를 붙들지 말라
내가 아직 아버지께로 올라가지 아니
하였노라 너는 내 형제들에게 가서
이르되 내가 내 아버지 곧 너희 아버
지, 내 하나님 곧 너희 하나님께로 올
라간다 하라 하시니
18 막달라 마리아가 가서 제자들에게 내
가 주를 보았다 하고 또 주께서 자기
에게 이렇게 말씀하셨다 이르니라

제자들에게 나타나시다
(마 28:16-20; 막 16:14-18; 눅 24:36-49)

19 ○ 이 날 곧 안식 후 첫날 저녁 때에
제자들이 유대인들을 두려워하여 모
인 곳의 문들을 닫았더니 예수께서
오사 가운데 서서 이르시되 너희에게
평강이 있을지어다
20 이 말씀을 하시고 손과 옆구리를 보이
시니 제자들이 주를 보고 기뻐하더라
21 예수께서 또 이르시되 너희에게 평강
이 있을지어다 아버지께서 나를 보내
신 것 같이 나도 너희를 보내노라
22 이 말씀을 하시고 그들을 향하사 숨
을 내쉬며 이르시되 성령을 받으라
23 너희가 누구의 죄든지 사하면 사하여
질 것이요 누구의 죄든지 그대로 두

16】

17】

18】

19】

20】

21】

22】

23】

면 그대로 있으리라 하시니라

도마가 의심하다

24 ○ 열두 제자 중의 하나로서 디두모
라 불리는 도마는 예수께서 오셨을
때에 함께 있지 아니한지라
25 다른 제자들이 그에게 이르되 우리
가 주를 보았노라 하니 도마가 이르
되 내가 그의 손의 못 자국을 보며 내
손가락을 그 못 자국에 넣으며 내 손
을 그 옆구리에 넣어 보지 않고는 믿
지 아니하겠노라 하니라
26 ○ 여드레를 지나서 제자들이 다시 집
안에 있을 때에 도마도 함께 있고 문
들이 닫혔는데 예수께서 오사 가운데
서서 이르시되 너희에게 평강이 있을
지어다 하시고
27 도마에게 이르시되 네 손가락을 이리
내밀어 내 손을 보고 네 손을 내밀어
내 옆구리에 넣어 보라 그리하여 믿음
없는 자가 되지 말고 믿는 자가 되라
28 도마가 대답하여 이르되 나의 주님이
시요 나의 하나님이시니이다
29 예수께서 이르시되 너는 나를 본 고
로 믿느냐 보지 못하고 믿는 자들은
복되도다 하시니라

이 책을 기록한 목적

30 ○ 예수께서 제자들 앞에서 이 책에

24】
25】
26】
27】
28】
29】
30】

기록되지 아니한 다른 표적도 많이
행하셨으나
31 오직 이것을 기록함은 너희로 예수께
서 하나님의 아들 그리스도이심을 믿
게 하려 함이요 또 너희로 믿고 그 이름
을 힘입어 생명을 얻게 하려 함이니라

31】

일곱 제자에게 나타나시다

21

1 그 후에 예수께서 디베랴 호수에서
또 제자들에게 자기를 나타내셨으
니 나타내신 일은 이러하니라
2 시몬 베드로와 디두모라 하는 도마와
갈릴리 가나 사람 나다나엘과 세베대
의 아들들과 또 다른 제자 둘이 함께
있더니
3 시몬 베드로가 나는 물고기 잡으러
가노라 하니 그들이 우리도 함께 가
겠다 하고 나가서 배에 올랐으나 그
날 밤에 아무 것도 잡지 못하였더니
4 날이 새어갈 때에 예수께서 바닷가에
서셨으나 제자들이 예수이신 줄 알지
못하는지라
5 예수께서 이르시되 애들아 너희에게
고기가 있느냐 대답하되 없나이다
6 이르시되 그물을 배 오른편에 던지라
그리하면 잡으리라 하시니 이에 던졌
더니 물고기가 많아 그물을 들 수 없

1】

2】

3】

4】

5】

6】

더라
7 예수께서 사랑하시는 그 제자가 베드
로에게 이르되 주님이시라 하니 시몬
베드로가 벗고 있다가 주님이라 하는
말을 듣고 겉옷을 두른 후에 바다로
뛰어 내리더라
8 다른 제자들은 육지에서 거리가 불과
한 오십 칸쯤 되므로 작은 배를 타고
물고기 든 그물을 끌고 와서
9 육지에 올라보니 숯불이 있는데 그
위에 생선이 놓였고 떡도 있더라
10 예수께서 이르시되 지금 잡은 생선을
좀 가져오라 하시니
11 시몬 베드로가 올라가서 그물을 육지
에 끌어 올리니 가득히 찬 큰 물고기
가 백쉰세 마리라 이같이 많으나 그
물이 찢어지지 아니하였더라
12 예수께서 이르시되 와서 조반을 먹으
라 하시니 제자들이 주님이신 줄 아
는 고로 당신이 누구냐 감히 묻는 자
가 없더라
13 예수께서 가셔서 떡을 가져다가 그들
에게 주시고 생선도 그와 같이 하시
니라
14 이것은 예수께서 죽은 자 가운데서
살아나신 후에 세 번째로 제자들에게
나타나신 것이라

7】

8】

9】

10】

11】

12】

13】

14】

내 양을 먹이라

15 ○ 그들이 조반 먹은 후에 예수께서
시몬 베드로에게 이르시되 요한의 아
들 시몬아 네가 이 사람들보다 나를
더 사랑하느냐 하시니 이르되 주님
그러하나이다 내가 주님을 사랑하는
줄 주님께서 아시나이다 이르시되 내
어린 양을 먹이라 하시고
16 또 두 번째 이르시되 요한의 아들 시
몬아 네가 나를 사랑하느냐 하시니
이르되 주님 그러하나이다 내가 주님
을 사랑하는 줄 주님께서 아시나이다
이르시되 내 양을 치라 하시고
17 세 번째 이르시되 요한의 아들 시몬아
네가 나를 사랑하느냐 하시니 주께서
세 번째 네가 나를 사랑하느냐 하시
므로 베드로가 근심하여 이르되 주님
모든 것을 아시오매 내가 주님을 사
랑하는 줄을 주님께서 아시나이다 예
수께서 이르시되 내 양을 먹이라
18 내가 진실로 진실로 네게 이르노니
네가 젊어서는 스스로 띠 띠고 원하
는 곳으로 다녔거니와 늙어서는 네
팔을 벌리리니 남이 네게 띠 띠우고
원하지 아니하는 곳으로 데려가리라
19 이 말씀을 하심은 베드로가 어떠한 죽
음으로 하나님께 영광을 돌릴 것을 가

15】

16】

17】

18】

19】

리키심이러라 이 말씀을 하시고 베드
로에게 이르시되 나를 따르라 하시니
20 베드로가 돌이켜 예수께서 사랑하시
는 그 제자가 따르는 것을 보니 그는
만찬석에서 예수의 품에 의지하여 주
님 주님을 파는 자가 누구오니이까
묻던 자더라
21 이에 베드로가 그를 보고 예수께 여
짜오되 주님 이 사람은 어떻게 되겠
사옵나이까
22 예수께서 이르시되 내가 올 때까지 그
를 머물게 하고자 할지라도 네게 무슨
상관이냐 너는 나를 따르라 하시더라
23 이 말씀이 형제들에게 나가서 그 제
자는 죽지 아니하겠다 하였으나 예수
의 말씀은 그가 죽지 않겠다 하신 것
이 아니라 내가 올 때까지 그를 머물
게 하고자 할지라도 네게 무슨 상관
이냐 하신 것이러라
24 ○ 이 일들을 증언하고 이 일들을 기
록한 제자가 이 사람이라 우리는 그
의 증언이 참된 줄 아노라
25 ○ 예수께서 행하신 일이 이 외에도
많으니 만일 낱낱이 기록된다면 이
세상이라도 이 기록된 책을 두기에
부족할 줄 아노라

20】

21】

22】

23】

24】

25】